信州史×世界史

森村宗冬

信州から見える世界史を歩く

History of World & Shinshu

まえがき

現代は世界のどこかで起こったことが、私たちの社会や生活にダイレクトに影響を及ぼす時代だ。これは情報伝達手段の発達によって、情報がリアルタイムで全人類に共有され、移動手段の高速化によって、大量の人と物資が世界を行きかうようになったためだ。

世界はまさに「つながり」と「連動」の時代に入ったのだ。当然ながら、信州もこの動向と無関係ではない。

もっとも、つながりと連動は、今に始まったことではない。じつは私たちは、古代から様々なかたちで世界とつながりあい、連動しあってきた。気候変動は民族移動を引き起こして世界的混乱を誘発し、黄金の国ジパング伝説はヨーロッパ人の東洋進出を促し、産業革命の進展は西洋の隆盛と東洋の隷属の要因となり、日露戦争での日本の勝利が今日のアジア世界の勃興につながり…。ただ、「世界はつながりあい連動している」という視点で歴史を俯瞰する機会が少なく、あまり取り沙汰されることはなかった。

本書はこの「つながり」「連動」という視点に着目し、「世界のなかの信州」という観点に立ち、古代から近現代に到るまで、世界史との関連で信州の歴史を語ったものだ。平成31年（2019年）に刊行した『つなげてみれば超わかる！　日本史×世界史』が、4刷りと評判が良く、令和4年（2022年）には図版を多くしたダイジェスト版も刊行されたため、「同じことを信州史で…」と思い企画した。「世界の動きが、信州の動きに如何なる影響を与えたか?」「信州の動きが、世界の動きに如何なる影響を与えたか?」を分かりやすく解説している点、地方史のありかたに一石を投じたと自負している。

世界が急速に一体化しつつある今、「つながり」「連動」という視点で、歴史を俯瞰する技術を身に着けておくことは有益だ。トレーニング次第では、今現在起こっているできごとから、未来を知ることも可能になる。

本書は地方史を土台とした、未来予測の入門書でもあるのだ。

森村宗冬

第2章 東アジア史観で見る古代の信州と信州人の国際デビュー

第3章 近世の信州と世界の関り 145

第1章

信州人の誕生と世界のつながり

信州史×世界史

野尻湖の立が鼻遺跡と信州人のルーツ

北信の旧石器時代遺跡

信州の北部、新潟県との県境にあって、妙高戸隠連山国立公園の一画を占める野尻湖は、標高654メートルの高所に位置し、水深は38・5メートルと深い。約4・45キロ平方メートルの面積を有しており、信州で諏訪湖に次いで2番目に大きな湖だ。

湖ができたのはおよそ7万年前。黒姫火山の山腹が大崩壊して岩なだれが発生し、今の信越線沿いを県境の関川まで流下した。この岩なだれが斑尾山から流れる谷川の流れを堰き止めて、野尻湖が形成された。約5万年前、湖西岸の仲町付近がしだいに隆起をはじめ、現在の湖に近いかたちとなった。雄大な自然とマッチした景観が人気を呼び、夏はボートによる湖上遊覧、冬はワカサギ釣りが楽しめる観光スポットになっている。

この野尻湖は野尻湖遺跡群を構成する旧石器時代遺跡、「立が鼻遺跡」がある場所として知られる。

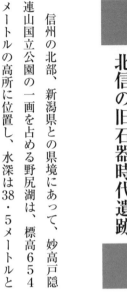

旧石器時代とは考古学上の学術用語だ。同学では人類の生きた時代を道具の材質により、石器時代・青銅器時代・鉄器時代と区分している。このうち石器時代は、「旧石器時代」と「新石器時代」に分類される。前者は打製石器（打ち欠いたのみで人為的加工をほどこしていない石器）を、後者は磨製石器（打ち欠いたあと磨いて人為的加工を施した石器）を使用した時代だ。

野尻湖全景（提供：しなの町観光ポータル）

旧石器時代の確認は戦後

日本列島で旧石器時代が確認されたのは昭和24年（１９４９年）のこと。行商をしつつ独学で考古学を勉強していた相澤忠洋氏が、群馬県の岩宿（現在の群馬県みどり市）の切通でむき出しになっていた関東ローム層から、黒曜石製の石槍を発見したのが機となった。

関東ローム層とは更新世末期に堆積した火山灰の層をいう。見た目の色から「赤土」とも呼ばれ、圧縮されてガチガチに固い。このため「赤土層に遺跡は存在しない」というのが長年の定説であった。しかし、この層から打製石器が発見されたことにより、日本列島における旧石器時代の存在が判明したのだ。

旧石器時代の存在が知られる以前、日本ではこの時代を「先土器時代」「先縄文時代」と呼んでいたが、岩宿遺跡発見以降、縄文時代以前は旧石器時代と呼称されるようになった。ただ後続時代に関しては、新石器時代とは呼ばず、「縄文時代」「弥生時代」と呼ぶことが定着している。

世界的な石器時代の区分は、猿人・原人の時期を前期（下部）旧石器時代、古代型ホモ・サピエンスなど旧人の時期を中期（中部）旧石器時代、現代型ホモ・サピエンスに代表される新人の時期を後期（上部）旧石器時代と呼んでいる。ただ、日本の場合は学問的論争の結果、3万5000年以前を「前期旧石器時代」、3万5000年〜1万年前を「後期旧石器時代」とする独得の分け方をしている。

きっかけは「湯たんぽ」の化石

野尻湖畔で旧石器時代の遺跡が発見されるきっかけとなったのは、昭和23年（1948年）10月の「湯たんぽの化石」発見だ。野尻湖畔で旅館を経営する加藤松之助氏が、干上がった湖底から湯たんぽに似たかたちをした石を見つけた。「湯たんぽにしては奇妙なかたちだ…」と思って拾い、これを地元の野尻湖小学校の日野武彦校長にみてもらったところ、「ゾウの歯ではないか」と言われたため、捨てずに

「ゆたんぽの化石」（ナウマンゾウ上顎第3臼歯）
（提供：野尻湖ナウマンゾウ博物館）

手元に留め置いた。のちに専門家の鑑定によってこの化石は、日本列島と中国大陸を生息域としていたナウマンゾウの臼歯（上顎第3大臼歯）であることが分かった。

旧石器時代は「最終氷期」と重なる。この時期、海面の水位は低く、大陸と日本列島はほとんど陸続きとなっていた。このためゾウ、オオツノジカ、ヘラジカなどの大型草食動物が、中国大陸から日本列島に流入した。ナウマンゾウもそのうちのひとつであり、36～34万年前（43万年前とする説も）に日本列島へ入り、およそ2万8000年前に衰滅した。

湖底が露出する時期に調査

信州内では野尻湖のほかに、信濃町柏原、長野市、中野市、上田市、青木村、小諸市、佐久市、佐久穂町、南牧村、富士見町など11カ所で、ナウマンゾウの化石が確認されている。信州以外では、千葉県印旛沼、北海道幕別町忠類、東京都日本橋浜町、神奈川県藤沢市などで化石が出土し、骨格復元が行われている。とくに瀬戸内海からは、おびただしい量の化石が出土しているという。

名称の「ナウマン」とは、日本で初めてゾウの研究をしたドイツ人地質学者エドムント・ナウマン博士に由来している。この人は信州にも関係の深いフォッサマグナ（日本列島が形成される際にできた大地の裂け目）の命名者でもある。

化石化したナウマンゾウの臼歯が見つかったことで、野尻湖は研究者たちの注目を集め、昭和37年（１９６２年）から発掘調査が開始された。この年の第1次発掘から令和5年（２０２３年）まで、計23回の発掘調査が行われている。

立が鼻遺跡の発掘風景

野尻湖では湖水を水力発電に用いるため、毎年冬になると水位が下がり、沖合に向けて干上がる。干上がり範囲が最も広くなるのが3月下旬であり、調査はこの時期を選んで行われた。

野尻湖人は原信州人

湖畔に建つ「野尻湖ナウマンゾウ博物館」にお邪魔した。第1次発掘調査から現在に到るまで、約8万5000点の資料のすべてを収蔵しており、そのうちの重要な化石や遺物、約1000点を展示している博物館だ。

展示室に入ると、ナウマンゾウの実物大の復元像が目に飛び込んできた。発掘で得られた科学的データをもとに、化石の研究者と芸術家が、タッグを組んで製作したという。大きな牙を前に突き出し、入館者に向かってくるように置いた点、迫力満点の演出だ。復元像は牙から尾までの長さが約6メートル、肩までの高さが約2・8メートルもある。

館内にはナウマンゾウの復元像のほかに、オオツノジカの復元像、ナウマンゾウの臼歯、マンモスの頭部（レプリカ）などが展示されており、有名な「月と星」もあった。これは第5次調査の際、ナウマンゾウの牙とオオツノジカの角が並んだ形状で発見さ

「星と月」（提供：野尻湖ナウマンゾウ博物館）

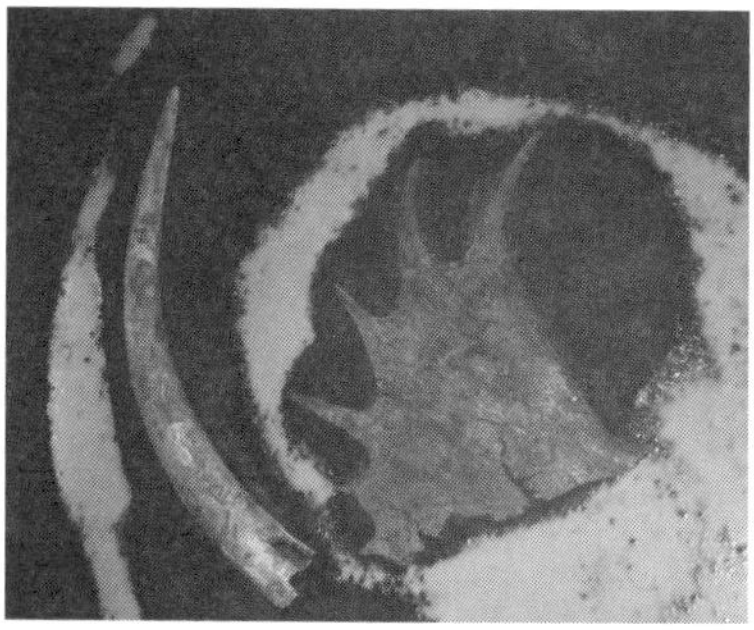

ナウマンゾウ（提供：野尻湖ナウマンゾウ博物館・しなの町観光ポータル）

れたものだ。牙が三日月の「(」、角が「☆」のように見えることから、先の愛称で呼ばれている。

これら太古の動物の化石の一緒に、「野尻湖人」と呼ばれる旧石器時代人に関する展示も豊富だった。遺跡からは化石とともに、石器や骨器が見つかることから、旧石器時代に野尻湖周辺に暮らしていた人々の狩り場と解体場（キルサイト）であったと考えられている。

ちなみに、成獣のオスゾウの場合、体重4～5トン。1頭からとれる肉の量は1700キロにも及んだという。これは50人の旧石器時代人が、毎日1キログラムの量を食べたとしても、34日間も生活できる計算になるそうだ。

旧石器時代に野尻湖周辺でナウマンゾウやオオツノジカを狩っていた旧石器時代人。「野尻湖人」とも呼ばれる人々こそ、原日本人であるのと同時に、原信州人と考えて良かろう。彼らは一体、どこからやってきたのだろうか？

現生人類のルーツはアフリカ

原信州人を含む現生人類が、アフリカから世界各地に広がったことは分かっている。アフリカから旅立ったのが6万年前。人類学上でいう「出アフリカ」だ。

集団は定住と移動を繰り返しつつ、ゆっくりとユーラシア大陸全域、オーストラリア大陸、南北ア

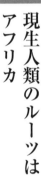

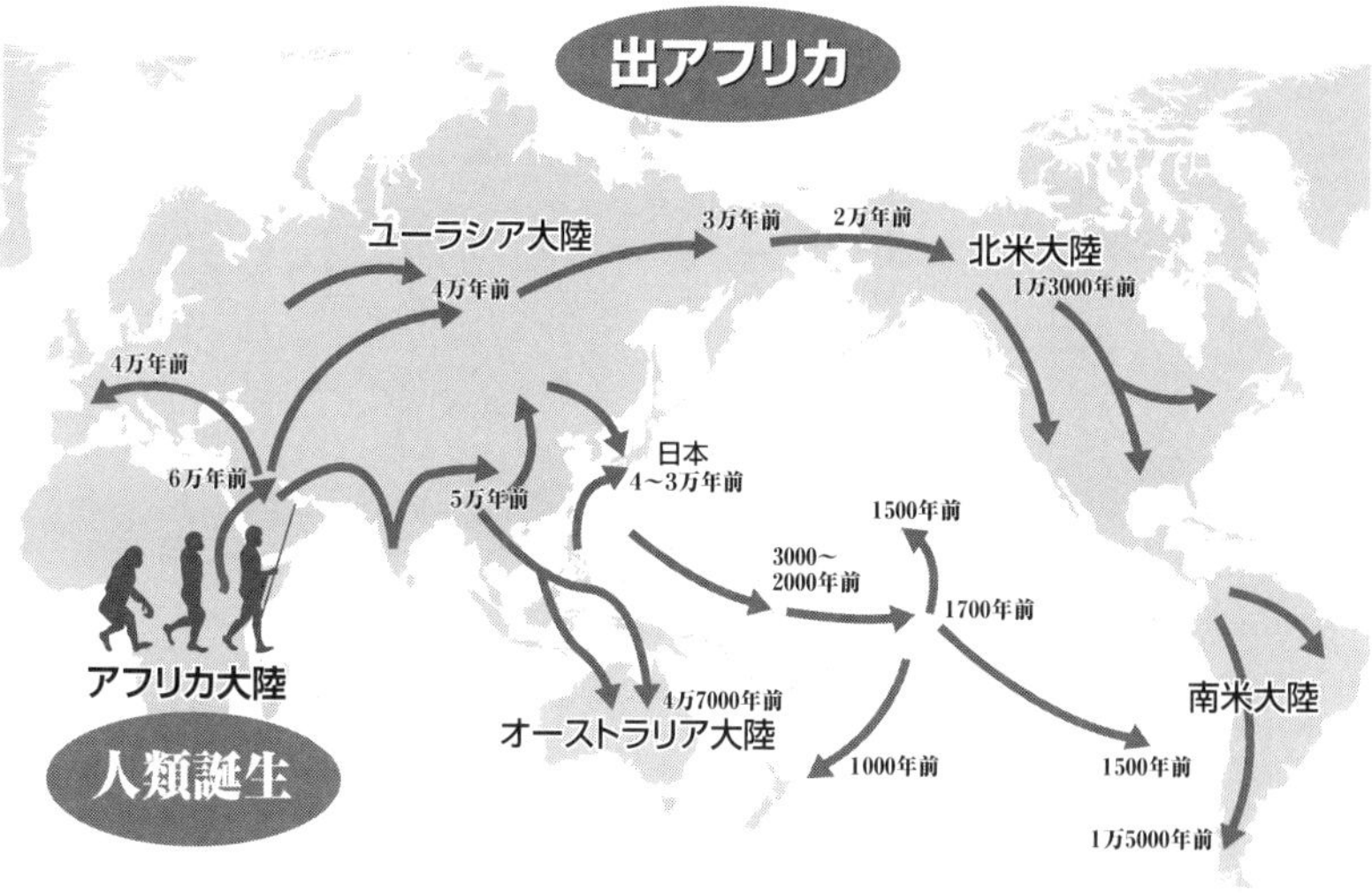

メリカ大陸へと拡散。その途中で環境の影響を受け、混血と融合を繰り返しつつ拡がっていき、5万年前には南方アジアに到達した。問題はこの南方アジアに到達した集団がそのまま日本列島に入り、原日本人かつ原信州人になったか？という点だ。つまりは、信州人を含む日本人のルーツ探しとも、関係してくるのだ。

この件に関して著名なのは「二重構造論」だ。人類学者の埴原和郎氏が、国際日本文化研究センターの英文紀要に掲載した「日本人の集団史に関する二重構造モデル」で主張した仮説で、

①日本列島の先住民は東南アジアから北上して日本列島に流入した旧石器時代人であり、これが縄文人の祖先になった。

②弥生期に北東アジアから別の系統の集団が日本列

島に渡来。先住の集団と列島内で徐々に混血が行われ、現在もそれが進行中。
という内容になる。

埴原説は人体を自然科学の側面から探究した形態人類学で導き出された仮説であり、原日本人たる旧石器時代人を東南アジア由来としている。

DNA解析によるルーツ調査

旧石器時代人＝原日本人のルーツ探しに関しては近年、DNA解析も使われるようになった。DNAとは、地球上に生息するすべての生物の細胞に含まれる「デオキシリボ核酸」の英字表記の略だ。イメージとしてはDNA＝箱、遺伝子＝遺伝情報となろうか。遺伝情報とは人を作るための設計方法と設計図。生物学を含む科学の大きな進展により、DNA解析による遺伝子レベルの情報を手がかりに、古代人類の足取りを辿ることが可能になった。

DNA解析による日本人のルーツ探しに関して最近では、白保《しらほ》竿根田原《さおねたばる》洞穴遺跡での成果が注目を集めた。沖縄県石垣市にある同遺跡から検出された旧石器時代人の人骨10点が、DNA解析にかけられたのだ。反応を示した人骨は5点。このうち4点は2万年前から1万年前、南方アジアから北上したことが判明している。

こうなると「原信州人も東南アジアからやってきた」と結論づけたくなるが、このDNAが石垣島から沖縄本島を経て、本州につながるかは現時点で不明。分かっているのは、「石垣島にいた旧石器時代人は南方アジアがルーツ」という点のみだ。

野尻湖人のルーツは北？ 南？

原日本人たる旧石器時代人の起源地に関しては、埴原説を叩き台とし、さまざまな研究者が自身の研究分野からアプローチしているのが現状だ。例えば遺伝学を中心とした研究者グループは、縄文人の祖先たる旧石器時代人のルーツを北方アジアに求めている。同じ遺伝学者でも「北東アジアを起源地」とする研究者もおり、日本人のルーツ探しに関しては、「百家争鳴」の観がある。

原信州人となる野尻湖人のルーツは東南アジアか？ 北方アジアか？ はたまた北東アジアか？ 答えはまだ先になりそうだ。

最後に情報共有。野尻湖ナウマンゾウ博物館では、日本音響研究所が製作したナウマンゾウの鳴き声を聞くことが可能だ。電話で聞くこともできるが、現地に赴いてナウマンゾウの復元像を見つつ、聞くのをお勧めしたい。まさに大迫力！ 臨場感満点だ。

信州史×世界史

信州の縄文文化繁栄と世界の古代文明

井戸尻遺跡と井戸尻考古館

地球はだいたい10万年の周期で、寒冷期（氷期）と温暖期（間氷期）のサイクルをくり返している。寒冷・温暖と言っても、いきなり寒くなり、暖かくなる訳ではない。寒冷と温暖をくり返しつつ、全体の気温が下がる、もしくは高くなっていくのだ。このため温暖期（間氷期）であっても、寒冷な期間は

ある。

現在の前の氷期たる「最終氷期」が終わり、気候が温暖化に転じたのが約1万5000年前のこと。1万3000年前の「ヤンガードリアス寒冷期」という寒の戻りを経、約1万1500年前から気候は本格的に温暖化に転じる。この温暖化によって草原は森林となり、大型動物は減って中小動物が増え、植物の生態系も変化し始める。日本列島内の人々はこの環境変化に適応すべく、精巧な石器、弓矢、骨製の釣り針、土器など利便性に富んだ生活道具の

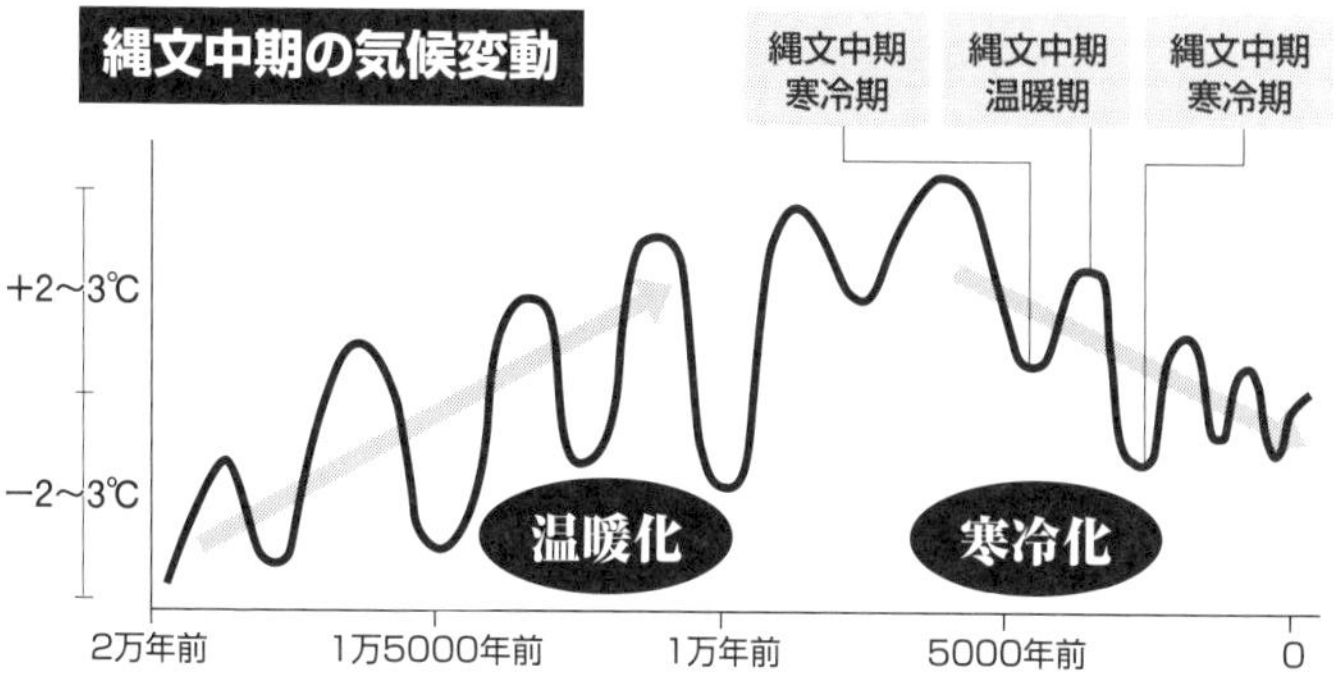

数々を発明した。これにより時代は旧石器時代から縄文時代に移行し、水稲耕作が本格的に普及し始める約2400年前まで、約1万年にわたって続いた。

JR中央本線信濃境駅で電車を降り、15分ほど歩いて井戸尻《いどじり》考古館に着いた。八ヶ岳の南麓と西麓が接するあたりの台地の南斜面に建つこの施設からは、甲斐駒と鳳凰三山が眼前に迫って見え、その山脈が東方に向かって次第に低くなり、途切れようとするあたりに、遠く富士山が山容を見せている。ロケーション的には申し分のない構図だ。

この日は井戸尻史跡公園内で「高原の縄文王国収穫祭」という催し物が開催されていた。各ブースに町特産品、地元野菜、布製品、土器レプリカなどが並べられ、貫頭衣《かんとうい》試着などのワークショップも行われていた。ゆったりとした動きが印象的な「く

井戸尻史跡公園景観

く舞」、下諏訪雅楽保存会による演奏、地元の演奏家による太鼓演奏など盛り沢山の内容だ。

　ブースをひと通り巡ったあと、史跡公園内に建つ竪穴式住居をじっくりと眺め、井戸尻考古館に入館する。館内には井戸尻遺跡を含めて、曽利《そり》・藤内《とうない》・九兵衛尾根・居平《いだいら》・唐渡宮《どうどのみや》・向原《むこうっぱら》・大花《おおばな》などの「井戸尻遺跡群」から出土した縄文時代中期の遺物を中心に、2000余点が展示されている。土器や石器は年代順に並べられているので、かたちや用途の変化が、門外漢であっても視覚的に納得できる点がありがたい。

　この他にも内部を再現した竪穴式住居、装身具、衣服などがあった。見て回っているうちに、縄文人の暮らしぶりが、視覚を通じて体内に浸みこむような感覚を覚えた。

　展示物のなかには現代の鉄器製農具と、縄文時代の石器製農具を対比して並べているコーナーもあった。

石器製農耕具と鉄器製農耕具の対比陳列
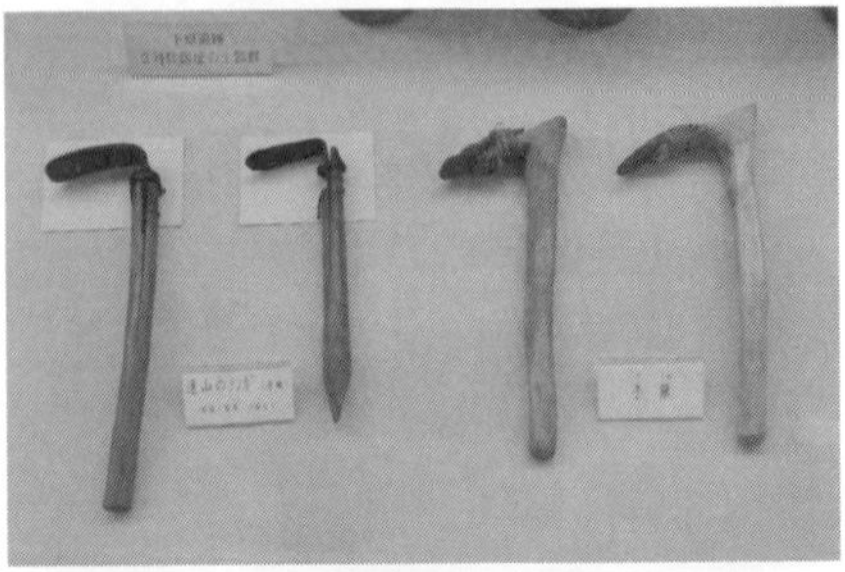

館内に再現した竪穴式住居の内部

（ともに提供：井戸尻考古館）

井戸尻遺跡は縄文農耕論の発祥地

じつは井戸尻遺跡は、「縄文農耕論」の発祥地として知られる。これは井戸尻遺跡発掘と、八ケ岳山麓の考古学で先駆的な業績をあげた故・藤森栄一氏によって、今から70余年前に提唱された説だ。同氏は八ヶ岳山麓から出土する考古遺物を検討するなかで、これらの文化構成は農耕の存在を前提にしなくては解決がつかないと考え、縄文農耕論を提唱した。

しかし、当時の歴史・考古学の世界では、「縄文時代は狩猟・採取中心の生活を送っていた原始的な時代」との認識が定説化していた。加えて、「少人数で移動しつつ暮らしていた」という説も定着していた。農耕を営むには定住が前提条件になる。つまり、藤森説は縄文農耕論と同時に「縄文定住論」でもあり、当時の考えかたとは真逆のものだった。このため藤森説は異端視され、長いあいだ日の目を見なかった。

この説の先見性は近年、科学的調査の発展によって証明されている。先ず、定住。鹿児島県の上野原遺跡の調査から、縄文時代草創期から定住していたことが分かった。また、原始的農耕も確実視されている。栽培されていたのはアワ、ヒエ、キビなどの雑穀類のほかに、リョクトウ、エゴマ、ヒョウタンなどだ。平成11年（1999年）には、岡山県の縄文遺跡から陸稲のプラントオパール（ガラス質細胞の化石）が見つかったことで、縄文時代前期には陸稲を栽培していたことも判明している。

ただ、農耕はあくまでも食料獲得の補助的役割であり、主食となるのはドングリなどの堅果類だった。とくにクリは御馳走として重宝されたようで、青森県の三内丸山遺跡では縄文人たちは甘みが強く大きい粒を実らすクリの木を選び、集落の周囲で人工栽培していた可能性が指摘されている。また、ドングリは落ちてから1週間が勝負で、それ以上だと虫食いだらけになってしまう。つまり、人海戦術で一気呵成に集める必要がある。これは縄文人が何らかの人集めシステムを持っていたことを意味しよう。

いずれにしても縄文時代は、閉鎖的かつ原始的時代ではなく、活力に富んだ躍動的な時代であった。

縄文文化と北方世界

展示されている土器を眺めつつ、図書館で借りてきた『八ヶ岳縄文世界再現』（井戸尻考古館　田枝幹宏　新潮社）を開く。土器の種類についての項を見ると、土器は

①蒸器

深鉢（縦帯区画文筒形土器／藤内遺跡出土：井戸尻考古館所蔵）

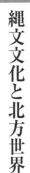

②深鉢
③浅鉢
④有孔鍔《つば》付土器

との説明があった。用途は①が蒸し料理を作る際に使用、②食材を煮炊きする際に使用、③団子や餅の類を盛る器、④が酒壺だという。本に掲載されている土器を見つけつつ歩く。ちょっとした宝物探しをしているようだ。

数ある土器のうち、口の広さを上回る深さを持つ②の深鉢が、縄文土器を代表する器種だという。出現時から火をかける煮炊き用の鉢として用いられていたそうだ。

この深鉢に注目したのが、国立歴史民俗博物館館長の要職にあった、今は亡き考古学者の佐原眞氏だ。同氏はかつて小学館刊行の『大系　日本の歴史①日本人の誕生』中で、深鉢の特徴について、「深鉢は

上：深鉢（九兵衛尾根遺跡出土）
中：蒸器（九兵衛尾根遺跡出土）
下：水煙渦巻文深鉢（長野県宝・曽利遺跡出土）
いずれも井戸尻考古館所蔵

側面からも火を受けるから長い炎の火にかけるのにふさわしく、煮込み料理・スープ作りに適しており、煮たものも冷めにくい」としたうえで、「つまり深鉢は、比較的寒冷な地帯にふさわしい鍋と考えて良いだろう」と述べている。

興味深いことに同氏によれば、ユーラシアと北米大陸の北緯30度以北の土器は、すべて深鉢から出発しているそうだ。北方文化と軸をいつにしているのは深鉢だけではない。竪穴式住居もまた、半地下構造ゆえに保温性が高く、寒冷地仕様の住居スタイルになると同氏は指摘している。これは縄文時代が北方世界の影響を受けていることに加え、完全な温暖化に転じる前に始まったことを示唆する。

北方文化と南方文化の融合

ただ、北方世界だけではないようだ。じつは、先ほど述べた陸稲。陸稲・水稲を含め、稲は日本列島には自生していない。つまり、日本列島の外からもたらされた外来作物だ。陸稲の祖先・熱帯ジャポニカの原産地は東南アジア。このことは縄文時代前期、陸稲が東南アジアから日本列島にもたらされたことを意味する。

考古館の展示物中にも、南方文化の要素を語る遺物があった。イモガイ形土製品だ。イモガイは漢字表記で「芋貝」。世界の暖流域に生息し、円錐形の形状をしている貝だ。この特異な形状から古代日本

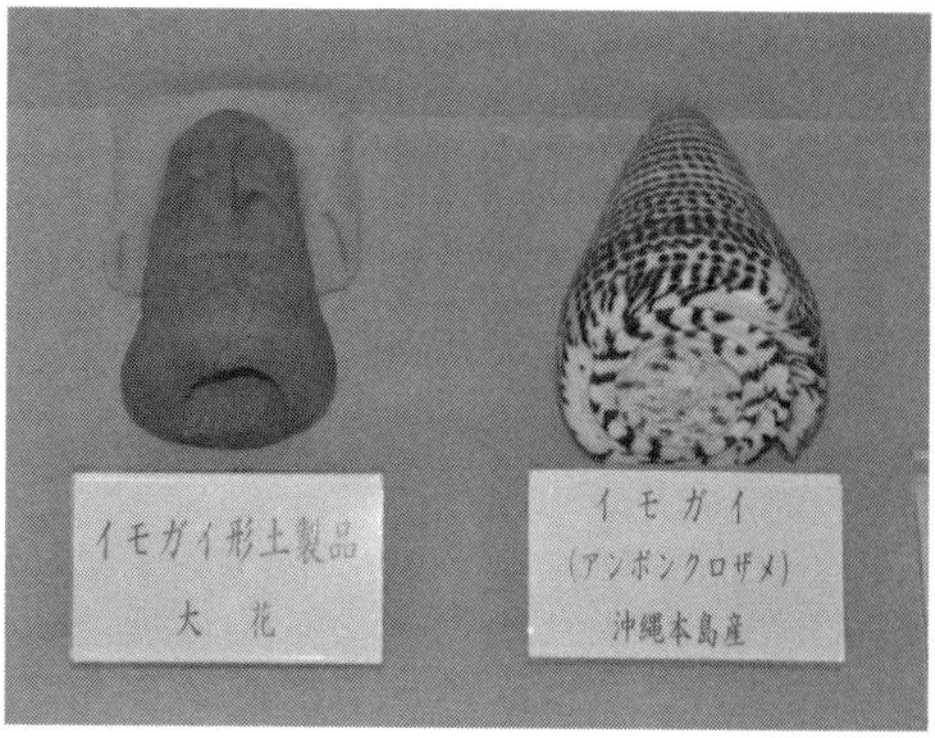

イモ貝とイモ貝形土製品（井戸尻考古館所蔵）

では、装飾品として用いられた。土製品の横には、対比させる意味で実物のイモガイの貝殻が置かれ、「アンボンクロザメ」という種類名と、「沖縄本島産」と記されていた。この土製品に関して、「イモガイを模して作った」と考える研究者もいる。

実際に模したとして、信州の縄文人が沖縄半島まで出向いたとは考えにくい。南九州と沖縄本島のあいだで海洋交易が行われていたのは確実視されているから、南九州を起点とする交易ネットワークに乗るかたちで、イモガイ製装飾の情報が本州に伝わり、信州にも入ったと思われる。

展示されているイモガイ形土製品は、情報を聞いて「面白い」と思った井戸尻遺跡群の縄文人が、興味本位で作ったのかも知れない。

寒冷地仕様の深鉢土器と竪穴式住居。東南アジア原産の陸稲に、井戸尻考古館で展示されているイモガイ形土製品。どうやら縄文世界は日本列島内のみの要素で成立したのではなく、北方世界と南方世界の文化が、融合して成立した、と考えるのが自然のようだ。

日本遺産にも指定された八ヶ岳連峰周辺

本州のほぼ中央部に位置する八ヶ岳連峰は、標高2899・2メートルの赤岳を主峰とする火山列だ。この八ヶ岳西南麓から霧ヶ峰の南麓にかけての一帯（山梨県北杜市、長野県富士見町・原村・茅野市周辺）は、縄文時代中期の遺跡の密集地帯となっている。

とくに信州側には、今紹介した井戸尻遺跡のほかに、国宝の土偶「縄文のビーナス」が見つかった棚畑遺跡、同じく国宝の「仮面の女神」が出土した中ツ原遺跡など、文化水準の高さを伺わせる遺跡が目立つ。

このエリアの縄文遺跡群は、規模と数、出土品のクオリティの高さによって、縄文時代中期のエネルギーがこの一帯に集中していたことを伺わせる。信州が「縄文王国」と呼ばれる所以だろう。

なお、八ヶ岳連峰周辺は、「星降る中部高地の縄文世界―数千年を遡る黒曜石鉱山と縄文人に出会う旅―」として、文化庁から日本遺産に認定されている。

八ヶ岳連峰周辺は、鏃《やじり》の素材となる黒曜石を産するため、縄文時代草創期から人の行き来があった。ただ、遺跡はどれも小規模であり、集落を営んだ形跡はない。これは黒曜石の採取期間のみ滞在したためと推定されている。しかし、草創期の末から早期になると、栃原岩陰遺跡のような洞窟遺跡や、竪穴式住居数件規模の遺跡が増加し始め、次第に人口密度が増え、縄文時代中期に最盛期を迎える。

八ヶ岳連峰周辺が縄文人の野営地から居住地に変化した要因としては、気候温暖化との関係で説明されることが多い。

日本列島で旧石器時代が営まれていた時期、気候は寒冷であり、海面は現在よりもかなり低かった。しかし、気候が温暖化に転じると氷床が溶けて海面が上昇し、日本列島は海中に孤立する。この海面上昇の結果起こったのが、縄文海進という現象だ。

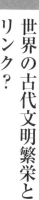

世界の古代文明繁栄とリンク？

縄文海進とは、気候の温暖化によって氷床が溶けて海面が上昇し、海水が内陸部まで入り込んできた現象を指す。日本列島では平坦な関東平野で規模が大きかったらしく、ピーク時には現在の栃木県栃木市近辺まで、海水が入り込んだことが分かっている。現在の海岸線からの距離は、何と70キロメートル！。少々大げさな物言いかも知れないが、関東平野が水浸しになった状況をイメージしてもらえば良かろう。

これにより平野住まいの縄文人は、山間部を新たな居住地とすることを余儀なくされた。このとき移住先として、八ヶ岳連峰周辺が選ばれたのだ。

数ある山間部で八ヶ岳連峰周辺に人口が集中したのは、複数の理由がある。先ず、鏃の素材たる黒曜石の産地だった点。信州産の黒曜石はブランド品として、全国的に需要が高かった。この原産地に移住すれば、交易をするのに地の利がある。集落を営みやすい台地が多いのに加えて、標高800〜900メートルにも関わらず、生活に不可欠な湧水が豊富な点にも魅かれたと思われる。

八ヶ岳連峰周辺の豊かな食糧事情も影響したはずだ。雄大な自然を誇る同連峰周辺には、タンパク源となる小動物が多く、堅果・山菜・ヤマノイモ・キノコ類なども豊富で、食糧調達が楽だった。このあたりのことは信濃毎日新聞社刊行の『信州の縄文時代が実はすごかったという本』（藤森英二著）に詳

長野県の縄文時代の遺跡数推移

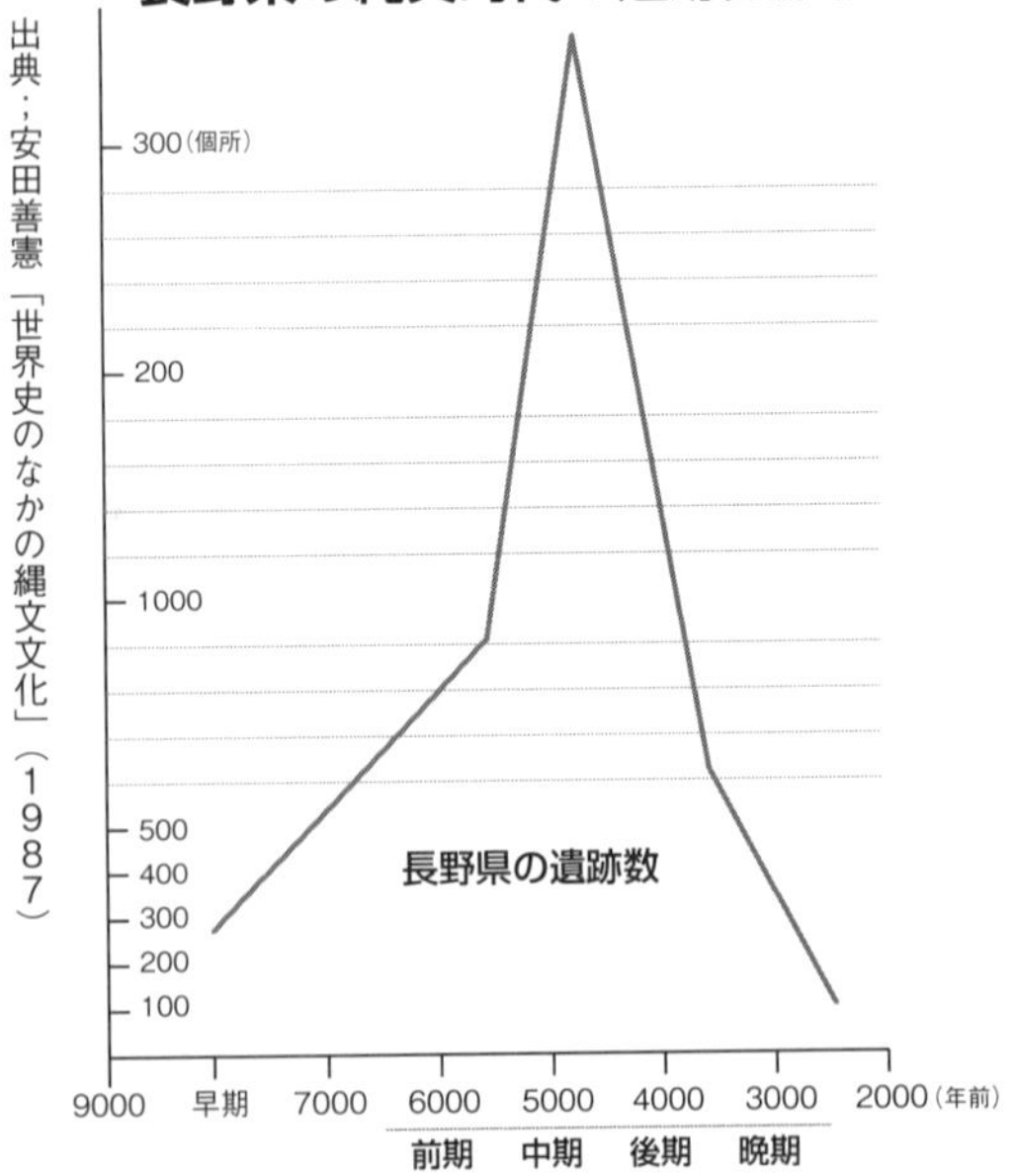

出典：安田善憲「世界史のなかの縄文文化」（1987）

しい。

ちなみに、縄文時代最盛期の人口は、約26万人であったことが、考古学者・文化人類学者の小山修三氏の研究によって分かっている。八ヶ岳山麓には果たして、何人くらいの縄文人が住んでいたのだろうか。

いずれにしても、信州の縄文文化の繁栄の背景には、八ヶ岳連峰周辺の恵まれた住環境があった。そして縄文人を同地に導いたのは、気候の温暖化による海面上昇という地球的規模でのイベントだったのだ。

ところで、信州で縄文文化が繁栄していた時期は、世界での古代文明繁栄時期と重なる。ナイル河畔に栄えたエジプト文明、ティグリス川とユーフラテス川の両河畔で繁栄したメソポタミア文明、インダス河畔にあったインダス文明、中国の黄河文明…。気候の温暖化によって生産性が向上し、人口が増えたがゆえに繁栄したのだ。

信州の縄文文化繁栄は、地球規模の気候温暖化による古代文明繁栄と、同じ文脈で考えても良いのかも知れない。

信州史×世界史

茅野市尖石縄文考古館から見える南洋世界

遺跡の名称になった「とがりいしさま」

ＪＲ中央本線茅野駅で電車を降り、尖石《とがりいし》遺跡・茅野市尖石縄文考古館に向かう。バスに揺られること約20分。尖石縄文考古館前バス停で下車すると、目的地はすぐ目の前だ。

バス停から先ず尖石遺跡へと向かった。この遺跡は車道を挟んで向かいにある与助尾根遺跡とともに、国から「特別史跡」に指定されている。特別史跡とは文化財保護法によって、「史跡のうち、学術上の価値が特に高く、わが国文化の象徴たるもの」と認定された史跡で、国宝と同格の史跡を指す。

日本にある史跡の総数は１８８８件（名勝、天然記念物に重複指定されているものを含む）。このうち特別史跡は現状で63件だ。名を連ねているのは、

・「五稜郭跡」（北海道函館市）
・「姫路城跡」（兵庫県姫路市）
・「慈照寺（銀閣寺）庭園」（京都府京都市）

・「鹿苑寺（金閣寺）庭園」（京都府京都市）
・「厳島」（広島県廿日市市）
・「高松塚古墳」（奈良県明日香村）
など教科書にも載るレベルの史跡ばかりだ。
　尖石・与助尾根の両遺跡が特別史跡に指定されたのは、遺跡とその周辺から縄文時代中期の竪穴住居跡が２００以上検出され、出土した大量の遺物が縄文時代の全容解明に、大きな役割を果たしたことによる。

与助尾根遺跡（提供：茅野市尖石縄文考古館）

とがりいしさま

　遺構があった場所から階段を下ると、半分ばかりを地面に埋めたピラミッド形の巨岩があった。高さ１・１メートル、根元の幅１メートル。先端が尖っていることから、地元では「とがりいしさま」と呼ばれている石だ。古くから信仰の対象となっていたらしく、石には注連縄がかけられ、かたわらには小さな祠が設けられている。「尖石遺跡」という名称も、この巨岩に由来する。石質は安山岩。八ヶ岳噴火時に噴出したと推定されており、地中に埋まっている部分の大きさは不明だという。
　写真をご覧頂いても分かるように、石のてっぺんに近い右肩部分が窪んでいる。しかも、明らかに周囲の表面とは異なり、ツルツルした感じがある。これは「縄文人が石器を研いだ痕ではないか?」と言われているそうだ。

車道をわたって与助尾根遺跡に入る。

この遺跡は昭和21年(1946年)から、同27年(1952年)にかけて調査が入り、縄文時代中期後半の住居跡28軒を検出した。さらに平成10年(1998年)と、令和元年(2019年)の試掘調査で、12軒の住居跡が確認された。

与助尾根遺跡には、縄文時代の竪穴式住居6軒が復元されている。昭和24年(1949年)に建てられて以降、建て直しを繰り返して今日に到っている。

縄文人だって失敗くらいする

遺跡内に復元されている竪穴式住居をひと通り見終わったあと、茅野市尖石縄文考古館へと入った。尖石・与助尾根両遺跡ほか、八ヶ岳・霧ヶ峰の両山麓に点在する縄文遺跡から出土した遺物を所蔵・展示している施設だ。黒曜石で作られた精巧な石器、多様な紋様の土器などの実物資料に加え、映像や写真により、縄文人たちの生活や習俗を再現している。イベントや講座も充実している。

訪れた日は入口を入ってすぐのフロアに、「実は失敗もする(?)縄文人」というタイトルで、ヒスイや石鏃《せきぞく》などが展示されていた。展示品はタイトル通

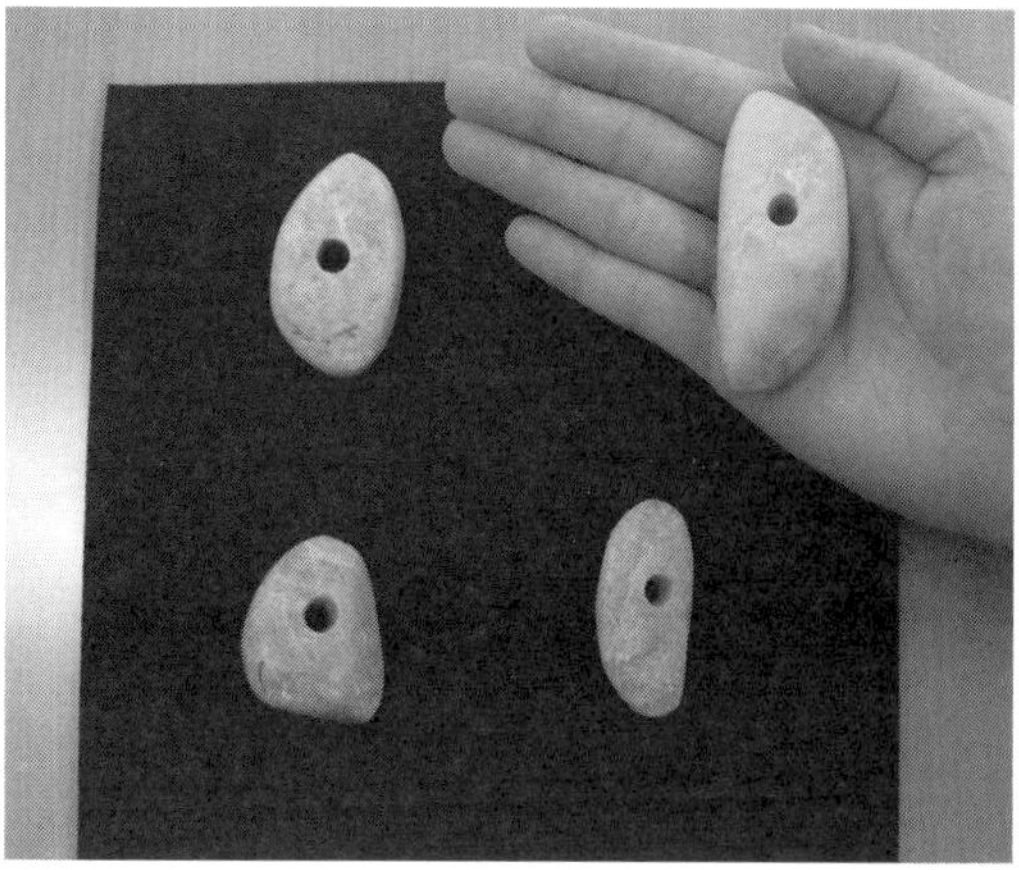
ヒスイ（茅野市尖石縄文考古館所蔵）

り、縄文人の失敗例だ。

石鏃は左右非対称のものが失敗作として並んでいた。つまり、加工が雑という訳だ。技術的に下手な縄文人が手がけたのか？　性格的に適当な縄文人の作品か？　は不明だが、左右だけでなく表裏も対称の石鏃に比べると、見た目の点で見劣りがすることは確かだ。実用品である以上、「途中で失速する」「真っすぐ飛ばない」など、機能の面でも影響したと思われる。

ヒスイは2個展示されていた。本当は学芸員さんの掌の上にあるように、きれいに孔が穿《うが》たれているのだが、これらは孔あけをやり直したらしい。なるほどパネル解説にあるように、ひとつにはきれいに穿たれた孔の上に、お椀のように凹んだ痕がある。穿たれている孔とお椀状の凹みのあいだに、別のわずかな凹みも見て取ることができる。最初の作業で失敗、次の作業でも失敗、3度目でようやく孔あけに成功したとなろうか。

今ひとつは二重丸のような痕がある。作業が遅々として進まなかったため、孔の位置を変えた可能性があるそうだ。

博物館で展示している遺物は、どれも見ごたえのあるものばかりだが、これは出土品中で見栄えのするものを選んでいるためだ。作業には失敗がつきものだから、失敗作があるのも当然だ。今まで完璧な遺物だけを見て、「縄文人スゲエ！」とばかり思っていたから、失敗作を見たことで縄文人が急に身近に感じられた。

縄文時代の宝石ヒスイ

ヒスイは古くは「玉」と呼ばれ、日本では縄文時代から奈良時代ころまで、装飾に利用された。ヒスイの産地は日本列島内に複数あるが、宝石加工に耐えうる美しさを持つ原石は、現在の糸魚川市を中心とする新潟県西端から、富山県東端で採れるものに限られた。

新潟・富山産のヒスイはすでに縄文時代、全国的に流通していた。玉作・玉類研究の寺村光晴氏の研究によると、ヒスイの流通ルートとしては次の５つがあったようだ。

○糸魚川から北陸へと到るルート
○糸魚川から姫川を抜けて長野県に入り、山梨県↓

館内陳列（提供：茅野市尖石縄文考古館）

南関東↓東京湾沿岸へと到るルート
○新潟県から群馬県に入り、栃木県の那須地方へと
抜けるルート

○津軽半島や北海道に到る海路ルート
○九州に到る海路ルート

縄文人の生活に関してはしばらく前まで、「狩猟採取生活のため、小集団が場所を転々として暮らしていた」と説明されていたが、人間集団が移動しつつ生活していたのでは、流通ルートなど成立しない。前の場所に集団がいるという保証がないためだ。ヒスイの流通ルートは私たちに、縄文時代が定住社会であった事実を示している。

流通の仕方としては、原産地で加工されてから流通する形式が一般的だったようだ。新潟県糸魚川市の長者ヶ原遺跡や、新潟県西頸城郡青海町大字寺地字寺地の寺地遺跡は、そうした形式の代表格になる。前者は東京ドーム三個分の広さを誇り、発掘調査の結果、ヒスイの生産・交易の拠点になっていたことが判明した遺跡だ。また、後者は日本で最初にヒスイの工房跡が発見されたことで知られている。

ただ近年、例外も見つかっている。青森県青森市の三内丸山遺跡で発見された、テニスボールより少し小さいヒスイの大珠。まだ、加工前であった点から推して、原石が運び込まれて現地で加工され、さらに周辺地域に流通した可能性が高いそうだ。つまり、原産地で加工してからの流通に、交易先で加工してからの流通も加わったことになろう。ヒスイは縄文時代の物流を解き明かす遺物でもあるのだ。

ルーツは中国の良渚文化か？

実験研究では、石英を含む砂と竹で孔が穿てることが確認されているという。ただ、その手間と技術たるや、かなりのものであったに違いない。話を伺った学芸員さんも、「1時間や2時間で済むものではありません」と語っていた。

実際、ヒスイは硬い。ダイヤモンドは自然界で最も硬い鉱物として知られるが、これは「傷のつきにくさ」を示すモース硬度の高さだ。ダイヤモンドは表面をひっかいても傷はつかないが、特定の方向に力を加えると、意外に割れやすい。対してヒスイはダイヤモンドほど硬くはないが、「割れにくさ」(靭性)ではダイヤモンドをはるかに凌ぐ。つまり、世界で最も割れにくい頑丈な宝石なのだ。

縄文人はなぜそこまでして、ヒスイ加工にこだわったのだろうか。墓からの検出例があるから、装飾のほかに、葬送儀礼的意味合いがあったことは想像できる。だが、なぜ加工が難しいヒスイである必要があったのか？

この疑問については環境考古学の安田喜憲氏が、吉川弘文館刊行の『縄文文明の環境』中で興味深い指摘をしている。前掲書中から該当箇所を引用してみよう。

「中国大陸での巨大な玉器を持つ古代文明から、縄文人が影響を受けるまでに、国際交流が発展していた」

氏のいう「中国大陸での巨大な玉器を持つ古代文明」とは、現在の上海付近で栄えた良渚《りょうしょ》文化を指す。

長江下流域で栄え、玉器の加工で有名なこの文化は、多数の玉器を現在に残している。墓地の10分の1程度の発掘で、3000個以上が出土するケースもあったそうだ。加工は精巧を極めており、現在のハイテク技術を駆使しても、全貌は未解明だという。

　安田氏の推論に立てば、長江下流域で繁栄した玉器文化が、縄文文化に影響を与え、縄文のヒスイ文化を生み出したことになる。

玦状耳飾りが語ること

縄文時代に中国大陸と交流…まさか、と思われるかも知れない。ただ、京都府舞鶴市の浦入《うらにゅう》遺跡、鳥取県鳥取市の桂見遺跡、島根県松江市の島根大学構内遺跡など、主に西日本の縄文遺跡から、外洋渡航が可能な丸木舟の遺物が見つかっていることは確かだ。

　また、平成7年（1995年）には、山形県羽黒町中川台遺跡から、縄文時代中期の遺物中に「有孔石斧」が含まれていることが報道された。蛇紋岩で作られ、表面がツルツルに磨かれた形状は、良渚文化の「鉞」と呼ばれる玉器と瓜二つであったという。

　縄文人が中国大陸南方と直接的交流を持ったか否か？　は不明だが、島嶼間交易により間接的交流を有した可能性は捨てきれない。

　この交易ネットワークを通じて西日本の縄文人が、良渚文化の精巧な玉器加工の技術を知り、情報を列島内にもたらした結果、縄文人たちに玉器への憧れが生じ、彼らをしてヒスイ加工に邁進させたのではなかろうか。

縄文人交易ネットワークが、列島内のみならず、列島外に及んでいたことを示す遺物はほかにもある。「玦《けつ》状耳飾」だ。「玦」とは玉製のイヤリングで、アルファベッドの「C」に似た形状をしており、中国の長江下流域で盛んに生産された。縄文遺跡から出土する耳飾に「玦状耳飾」という名称がつけられたのは、「玦」にかたちが酷似していることによる。

信州でも上伊那郡飯島町のカゴ田遺跡から、この玦状耳飾が見つかっている。玦に対する憧れが、縄文人をして玦状耳飾を作らせたのではないだろうか。

なお、この形状の耳飾は日本列島を含む、東アジア全体に分布している。

近年の発掘調査などの成果から、縄文時代の日本列島は、今日の私たちが考える以上に、グローバル化が進んでいた可能性が指摘されている。縄文時代の信州も、このグローバル化の無縁ではなかったと思われる。

最初から「女性を意識した」土偶

ヒスイの展示物を一通り見終わったあと、土偶を展示してあるフロアに向かった。

この茅野市尖石縄文考古館には国宝に指定された

2体の「土偶」が展示されている。土偶とは縄文人が製作した人のかたちをした土製の焼き物を指す。ときに動物のかたちをした焼き物も土偶と呼ぶが、こちらは「土製品」が正しい呼称だ。

最古級の土偶は縄文時代草創期のモノで、滋賀県東近江市の永源寺相原熊原遺跡、三重県松阪市の粥見井尻遺跡から見つかっている。両方の土偶とも形状は到ってシンプル。頭・腕・足はついておらず、豊満なバストと腰のくびれが強調されており、女性をかたどったことが明らかだ。これは土偶が製作初期段階から女性を意識して作られたことの証左だろう。弥生時代に入ると製作が絶えた点からしても、土偶＝縄文時代を象徴する遺物、と考えて差し支えない。

土偶製作が盛んになるのは、縄文社会が成熟する縄文時代中期からだ。意匠的にも円熟味が増し、縄文時代中期以降の製作物が多く、国宝や重要文化財に指定されている。

多様なスタイルがある土偶のなかで、圧倒的に多いのは妊婦をかたどったものであり、バストと胎児を宿した腹部が視覚的に際立つ。また、女性器も描

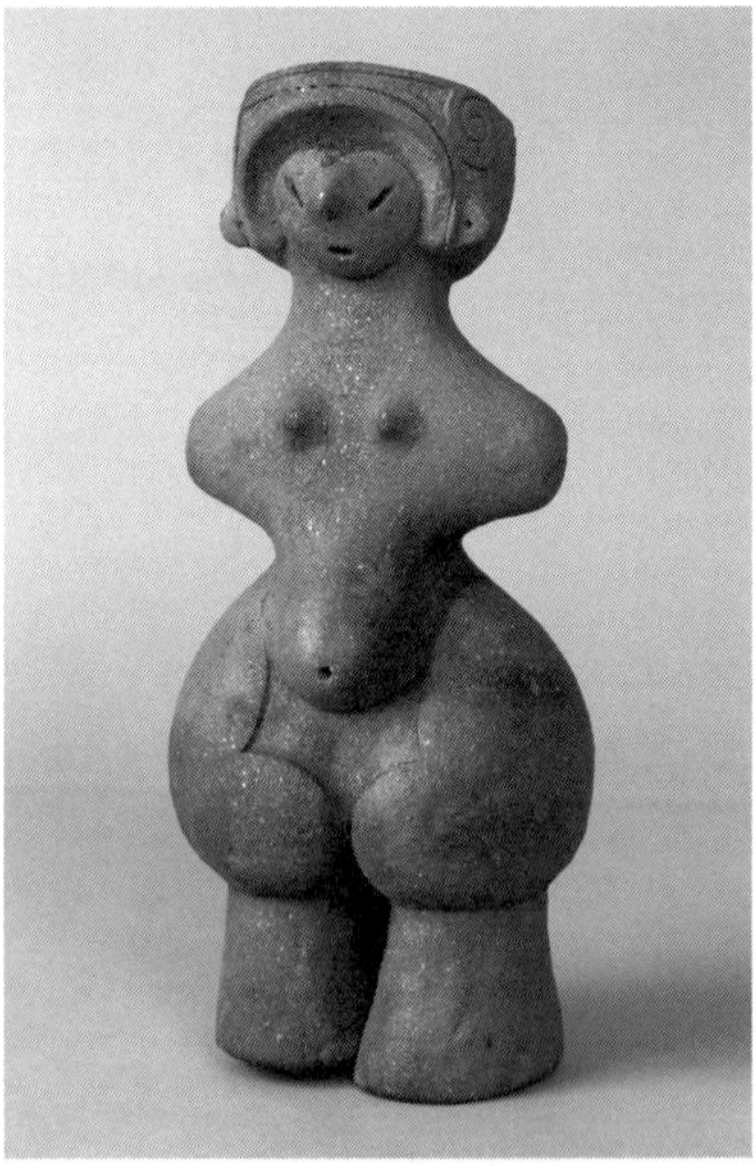

国宝土偶「縄文のビーナス」
（茅野市尖石縄文考古館所蔵）

き込み、女性であることをことさらに強調した土偶もある。これらの特徴から研究者の多くは、土偶を単なる女性をかたどった人形ではなく、「母神」としての性格を有する呪物と推定している。

国宝土偶「仮面の土偶」（茅野市尖石縄文考古館所蔵）

さて、国宝指定の土偶。先ず、1体は「縄文のビーナス」という愛称で知られている。市内の棚畑遺跡から見つかったこの土偶は、高さ27センチメートル、重さ2・14キログラムで、平らな頭頂部には紋様が刻まれている。帽子を被っているように見えるし、ヘアースタイルと言われても違和感がない。妊娠していることを示すふっくらとした腹部と、特大のヒップがあって安定感が抜群だ。

今1体は「仮面の女神」と呼ばれる土偶だ。市内湖東の中ッ原遺跡で出土したこの土偶は、高さ34センチメートル、重さ2・7キログラム。顔に逆三角形の仮面をつけているため、先の呼称がある。墓と思われる穴が密集する場所から、片足を折られた状態で見つかった。

両土偶とも独得の造形美に加え、縄文人の精神性を伺わせるなど学術的価値が高いため、「縄文のビーナス」は平成7年（1995年）、「仮面の女神」は平成26年（2014年）に、国宝に指定された。ちなみに、前者は縄文遺物としては、指定第1号になるそうだ。

土偶は殺されたのか？

当然ながら土偶は、発掘調査によって偶然発見される。出土状況に関しては、

①完全体か完全体に近い状態
②バラバラにされた状態

の2タイプに大別される。先に紹介した2体の土偶は、①の代表例だ。これらの土偶は埋納された状態で見つかっているため、集落の守り神として信仰対象となっていた土偶と推定されている。

ただ、①のケースは稀であり、②のケースがほとんどだ。しかも、「落として壊れた」というよりも、意図的に分解してばらまかれた状態で見つかることが圧倒的に多い。見つかる場所も、ほとんどが集落外。集落が営まれていた当時、畑作地だったと推定される場所だ。

このバラバラ状態の土偶を考古学者の水野正好氏は、「殺された土偶」と定義した。同氏は山梨県立考古博物館編の『土偶』中で、母神たる土偶を殺して撒く意味について「死した冬の大地に産む力みなぎる女神の身体を撒く、その力に感染して大地は甦

り緑したたる世界を創り出す」と述べている。つまり、春季における新しい芽生えを祈願する呪術として、土偶は人為的に壊されればらまかれたことになる。

記紀神話が記す食物起源神話

ところで、『古事記』『日本書紀』が記す記紀神話に、殺された女神の遺骸から、作物が生じる話が記されている。

先ず、『古事記』の記述を見てみよう。

―高天原を追われたスサノオノミコトは、オオゲツヒメのところにやってきて、食べものを求めた。応じて食事のしたくにとりかかるオオゲツヒメ。スサノオノミコトが隠れて様子を伺うと、この女神は鼻、口、肛門から食材を出していた。スサノオノミコトは「汚物を喰わせるのか」と激怒し、オオゲツヒメを殺害。すると女神の死骸から、蚕、稲、粟、小豆、麦、大豆が生じた。高天原に住むカミムスビがそれらを取り寄せ、種として農業を創始した―

次いで『日本書紀』中の記述。

―アマテラスオオミカミの命を受けて、弟神のツクヨミが、ウケモチなる神のもとを訪問した。この女神は口から米、魚、鳥獣などの食材を吐き出し、調理して饗応しようとした。するとツクヨミは、「口から吐き出したモノを喰わせるのか！　なんと汚らしい」と激怒し、ウケモチを斬り殺してしまった。(中略)アマテラスオオミカミの命を受けたアマノクマヒトなる神がウケモチのもとを訪れると、ツクヨミの報告通り、ウケモチは死んでいた。女神の遺骸からは、牛・馬、蚕、ヒエ、稲、麦、大豆、小豆などが生じていた。

アマノクマヒトがこれを天上世界に持ち帰ると、アマテラスオオミカミは、「これは人間たち生きていくための食べものとなるものです」と大喜びした――

両方とも記紀神話が語る食物起源神話だ。注目すべきはオオゲツヒメ、ツクヨミとも生きている状態では、単に食べものを体内から取り出す存在であったが、殺されることで食べものを周囲に分け与える存在となった点。つまり、不特定多数が食料を得るには、殺される必要があったのだ。ここには「母神たる土偶を殺す」ことと同じ文脈が読み取れまいか。

縄文時代に食物起源神話があった!?

記紀神話における食物起源神話は、「ハイヌウェレ型神話」の類型とされている。これはドイツの民族学者アドルフ・イエンゼンによって、インドネシアのセラム島に居住するウェマーレ族から採録された神話であり、神話の主人公の名を採って命名された。内容を簡潔に記すと以下の通りだ。

――ココヤシの花から生まれたハイヌウェレ（「ココヤシの枝」の意）という少女は、様々な宝物を肛門から排出することができた。この不可思議な力を持つ少女はあるとき、踊りを舞いながらその宝物を村人に配った。すると村人たちは気味悪がって彼女を生き埋めにして殺してしまった。ハイヌウェレの父親は、掘り出した死体を切り刻んであちこちに埋めた。すると、彼女の死体からは様々な種類の芋が発生し、人々の主食となった――

女神の亡骸から穀物が生じるタイプの起源神話は、ポリネシアやメラネシアなどの南洋世界に幅広く分布している。

○殺された状態でばらまかれる母神としての土偶
○記紀神話が記す食物起源神話
○南洋世界のハイヌウェレ型神話

女神が殺されて食べものが生み出される点において、基層には同じ文脈があると考えて良かろう。

記紀神話の記す食物起源神話が、ハイヌウェレ型神話の影響を受けて成立していることはほぼ確実視されているが、縄文の土偶とハイヌウェレ型神話の関係性は不明だ。ただ、神話学者の吉田敦彦氏は、中央公論社刊行の『昔話の考古学：山姥と縄文の女神』中で、

「つまり縄文時代中期における土偶のあり方からわれわれは、この時代わが国ですでに、イエンゼンの言う『ハイヌウェレ型神話』の型に当てはまるような神話が語られていた。当時の人々は、その神話の主人公の母神である女神の姿を、土偶によって表していた」

と示唆している。

中国大陸南方との関りを想像させるヒスイの加工品、南方世界の食物起源神話との関連を考えたくなる土偶。茅野市尖石縄文考古館からは、縄文時代の信州と南方アジア世界とのつながりが見えて仕方がない。

信州史×世界史

諏訪の「御柱祭」と世界の柱立て祭

古代の神信仰を伝える諏訪大社上社本宮

　諏訪大社は「信濃國一之宮」にして、神位は正一位。連綿と息づく諏訪信仰の束ねとなる総本社だ。創建は非常に古く、古代神話の代までさかのぼる。

　境内地は諏訪湖の周辺に4つあり、

○諏訪大社上社本宮
○諏訪大社上社前宮
○諏訪大社下社秋宮
○諏訪大社下社春宮

の4社からなっている。

　こうした神社は類例がなく、全国的に見ても珍しいケースだ。中世には武神として武家たちに厚く信仰され、現在は生命の根源・生活の源を守る神として幅広い信仰を集めており、広大無辺な御神徳にあやかろうと、全国から多くの参拝者が訪れる。

　この諏訪大社を下社秋宮→下社春宮→上社前宮とまわり、上社本宮に到った。威容を誇る鳥居を前に、中世期に武神として崇拝されたことを納得する。早速、手水舎で手と口を清め、拝殿に向かう。コロナ禍の最中にも関わらず、拝殿前には人の列ができていた。

諏訪大社上社本宮幣拝殿

　諏訪大社上社本宮の拝殿は、諏訪立川流による「諏訪造」という形式で建てられている。片拝殿が幣拝殿の左右に並ぶという独得のスタイルだ。建てたのは諏訪立川流の2代目で、姓名を立川和四郎冨昌という。

　この宮大工流派は江戸時代、幕府御用をつとめた大隅流の流れを組むとされており、江戸で立川流を学んだ初代・和四郎冨棟によって諏訪に伝えられたという。諏訪立川流の神社建築を実見できる点において、諏訪大社上社本宮は貴重な建築物といえよう。

　ところで、神社は通常、本殿（神をお祭りする常設社殿）＋拝殿（お祭りした神を拝する常設社殿）という組み合わせになっている。だが、諏訪大社上社本宮には、拝殿のみがあって本殿はない。これは背後にそびえている神体山を神奈備《かんなび》（神霊が鎮座すると信じられている場所）としているためだ。

　じつは、常設神殿で神を祀るスタイルは、日本の信仰の歴史では新しいほうだ。常設神殿ができる以前、神は時を定めて異界より来て、特定のモノに依る存在だった。この「依るモノ」が「依代《よりしろ》」であり、峻険な山岳、威容を誇る巨岩、そそりたつ巨木が依代に見立てられた。この依代の前で祭祀をし、その後、異界へお帰り願うのが、神信仰の本来の姿だった。結果、祭祀が続くと依代自体も、「御神体」として神聖視されるようになる。山を御神体としている点において、諏訪大社上社本宮は神信仰の古いかたちを現在に残しているといえよう。

参拝をしたあと、他の3社でもそうしたように、境内に立てられた柱に向かう。御柱祭の際に立てられた柱だ。御柱祭とは諏訪大社上社本宮を含む諏訪大社で、7年ごとの寅と申の年に行う神事をいう。正式名称は「式年造営御柱大祭」。諏訪大社最大の神事であり、宝殿の造り替えに加え、各社の社殿4隅に「御柱」と呼ばれる樹齢150年の樅の巨木が、合計で16本立てられる祭だ。

7年ごとの理由に関しては、「寅」「申」との関係が指摘されている。両方とも「うごめく」「動く」の意があるそうだ。古代諏訪の人々は、生命の躍動が始まる時期を独特の直感で察し、祭礼の年に設定したのかも知れない。

基層にあるのは縄文時代の巨木信仰？

御柱祭は「山出し」「里曳き」があり、上社と下社が別々に行う。上社の場合、約25キロメートル隔てた八ケ岳中腹の社有林「御小屋」から、樅の巨木計8本が切り出される。直径1メートル、長さ17メー

木落とし（諏訪大社下社）

トル、重量は10トンにもなるそうだ。「御小屋の山の樅の木は、里に下りて神になる」という木遣り唄を合図に神事は開始され、200メートルの曳き綱が付けられた巨木は、1000~3000人の氏子によって、里に向けて曳かれ始める。

曳行中の難所は、巨木を崖から落とす「木落し」と、川を渡す「川越し」だ。とくに木落としは、大勢の氏子が巨木にまたがった状態で崖を滑り落ちていくので、危険極まりない。滑り降りる途中に放り出され、怪我をすることもあるそうだ。また、川越しの際には、氏子が流れに足をとられて流されることもある。

非常に危険かつ労力を擁する曳行だが、氏子たちの意気込みは凄まじく、祭礼の度に気合で乗り切ってしまう。

山出し祭のハイライトが「木落し」と「川越し」なら、里曳きのハイライトは、神社境内での「建御柱」だ。先端を三角状に削ぎ落された巨大な柱が、大地に直立した瞬間、境内は歓声で湧きかえる。

驚異的なのは、曳行から柱建てまですべて人力という点だ。宗教の持つエネルギーを実感せずにはいられない。

室町時代に成立した『諏訪大明神画詞』は、神事の開始時期を平安時代初期、桓武天皇の御代としているが、おおかたの研究者は、それ以前に何らかの祭礼が行われていた旨を指摘する。祭礼の目的に関しては、神域を示すため、巨大な神殿造営の遺風など20種類ほどあり、昔から研究の対象となってきた。

こうしたなか考古学者の宮坂光昭氏は、かつて「祭礼の基層には、縄文時代の巨木信仰がある」との見方を示した（『御柱と諏訪大社』筑摩書房）。

建御柱（諏訪大社上社）

御柱にそっくりなチカモリ遺跡の柱

人類がまだ原始の時代にあるころ、人は森羅万象に神威を見出していた。とくに威容を誇る山や巨岩など、視覚的にインパクトがある自然物は畏敬の対象となった。巨木信仰もそのひとつだ。

縄文時代に巨木信仰があったことは、複数の縄文遺跡で巨大柱穴遺構の検出、遺物の出土というかたちで確認されている。

青森県青森市の三内丸山遺跡、石川県金沢市のチカモリ遺跡、石川県鳳至郡能登町の真脇遺跡…。いずれも遺構内に生活痕はなく、宗教的モニュメントの跡と考えられている。三内丸山遺跡の遺構などは、高さ15メートルの柱が立っていたと推定されている。諏訪の御柱と負けず劣らずのスケールだ。

信州でも八ヶ岳山麓の縄文遺跡から、柱穴遺構が多数検出されている。他の遺跡同様、遺構内に生活痕は見られないそうだ。

前出の宮坂氏は、チカモリ遺跡では見つかったクリの大木を検証し、前掲書中で、「発掘されたクリの大木は、水槽に保存されており、これをみると、石斧でよく切断したと思う鋭い切口、曳くための綱かけの柄穴、そして約二〇キロ曳行したと思われるすり減った跡が見られた。まさに諏訪の御柱とそっくりである」と述べている。

諏訪と日本海文化圏

ところで、かつて三内丸山遺跡の掘っ立て柱遺構を見た民族学・比較文明学の梅棹忠夫氏は、山川出版社刊行の『縄文鼎談―三内丸山の世界』（岡田康博・小山修三編）中で、これを出雲大社の高層建築と関連付けて指摘したことがあった。

　島根県出雲市に鎮座する出雲大社は、大国主神を主祭神とする社だ。この神は『古事記』『日本書紀』『出雲国風土記』に登場する神で、地上世界を作るも、天上の神々に「国譲り」を強いられ、最終的に出雲大社に鎮まった。

　この神社は古くは高層建築で、平安時代の学者・源為憲の『口遊』に「東大寺大仏殿より高い」と記されている。大仏殿の高さは45メートル。俄かには信じがたいので、長いあいだ絵空事扱いされていた。

　ところが、平成12年（2000年）、同大社の八足門前から見つかった宇豆柱の柱根（最下部）が見つかった。宇豆柱とは巨木3本をまとめて1本と

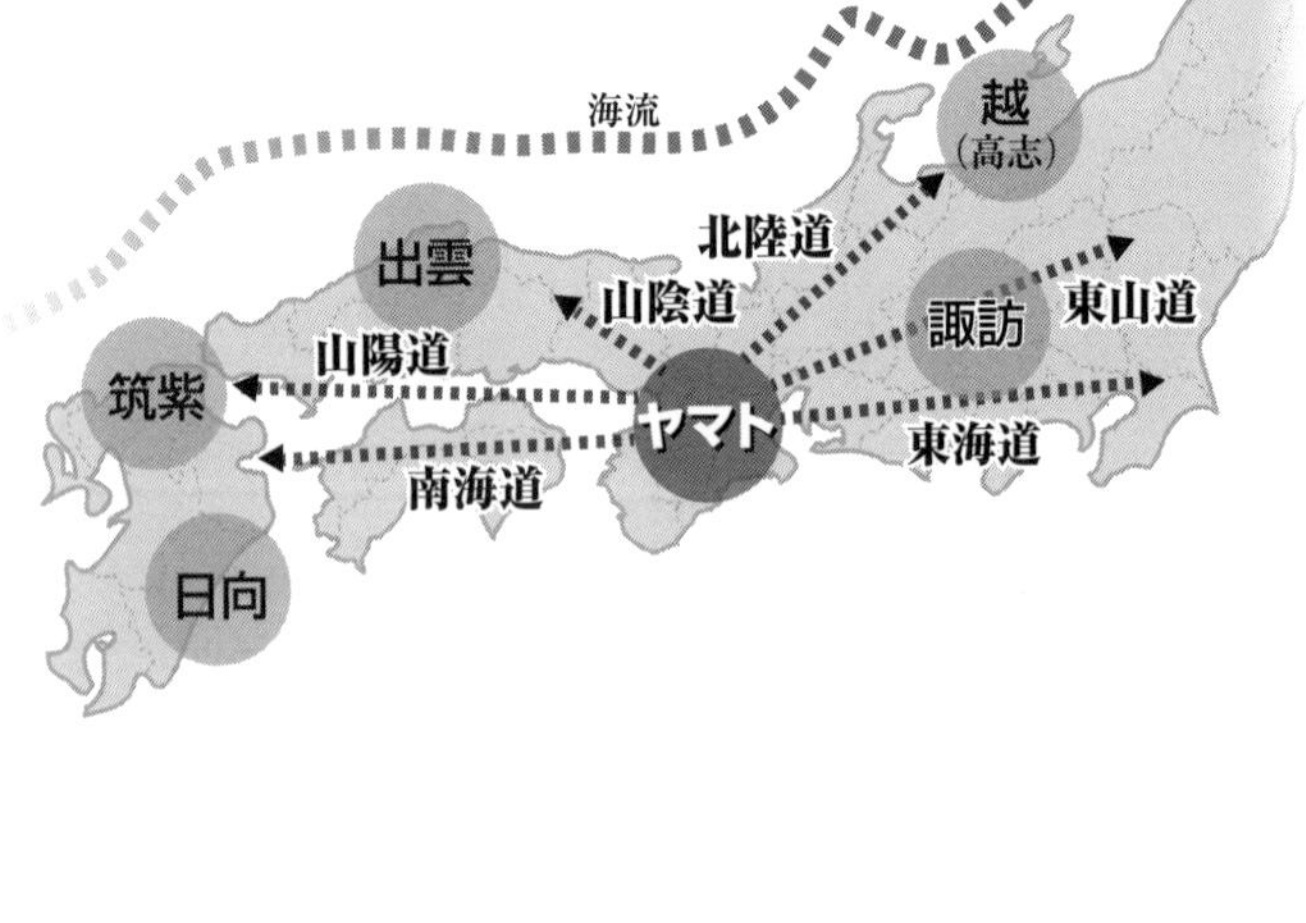

した柱であり、この巨大柱の直径は約3メートルもあった。この物証も見つかったため現在では、古代の神殿は48メートルの高さがあったことが確実視されている。

このような高層建築物を建てる技術が一朝一夕で育つ訳がない。このため研究者たちは、日本海文化圏の存在を指摘している。これは古代出雲を中核とし、北陸から東北に到った文化圏だ。日本海文化圏のなかで連綿と営まれた巨木文化の技術的蓄積のうえに、出雲大社の高層建築があるという考えだ。

日本神話で諏訪大社の祭神・建御名方神が、大国主神の子に設定されていることは、古代出雲と古代諏訪が、同じ文化圏に属していたことを意味するのだろうか。北陸にも巨木文化の痕跡があるから、出雲→北陸→諏訪というルートも考えてみたくなる。

世界にある柱立て祭

諏訪大社の御柱祭のルーツは、縄文時代の巨木信仰なのか？　日本海文化圏との関係はあるのかないのか？　まだまだ研究の余地がある事柄だから、結論付けるのはひとまず置くとして、今は世界各地に「柱を立てる」というスタイルの祭礼があることを確認したい。主なものをあげると以下のようになる。

○インドラ・ジャートラの柱立て（ネパール）
○アンダミ・ナガ族の扉曳き祭（インド）
○柱立て祭（ミャンマー）
○新年の木（タイ）
○聖なる柱（中国のチベット自治区）

夏至祭

○ネップランドの夏至の柱（スウェーデン）
○五月の柱（イギリス）
○オクトーバーフェスト（ドイツ）
○フライング・インディアン（メキシコ）

これらの柱立て祭の一部を紹介した諏訪市博物館の説明によると、立てた柱は神や精霊との交歓手段だという。（『おんばしら—諏訪大社御柱祭のすべて』

インドラ・ジャートラの柱立て祭

信州・市民グループ編集局著、信州・市民グループ編集局）

このうちネパールのインドラ・ジャートラの柱立て祭は、松の木を曳行してきて里に立てる神事であり、木の見立て→伐採→曳行→川流し→柱立てという行程を踏んで行う点で、諏訪の御柱祭と酷似しているそうだ。

縄文時代の巨木信仰の痕跡と、世界各地で現在も行われている柱立て祭。諏訪大社の御柱祭の全貌は、時間的・地理的に俯瞰することで見えてくるのかも知れない。

信州史×世界史

世界規模の動乱と古代信州の弥生文化

弥生時代の特徴は水稲耕作と金属器

長野電鉄長野線を信州中野駅で降り、タクシーで「北信濃ふるさとの森文化公園」内にある中野市立博物館に向かう。観覧料を支払って入館し、1Fにある柳沢遺跡展示室へと向かった。

柳沢遺跡は中野市大字柳沢、千曲川と夜間瀬川の合流地点に位置する遺跡だ。縄文時代から中世までの遺構がある複合遺跡だが、中核をなすのは、弥生時代の中期後半から後期初頭にかけての遺構で、住居跡、水田跡、水路跡などが確認されている。

弥生時代について少し説明しよう。同時代は歴史区分上、縄文時代のあとにくる時代だ。「弥生」という名称は、この時代が存在することを決定づけた土器が、明治17年（1884年）、東京本郷弥生町（現在の文京区弥生）で発見されたことによる。年代的には紀元前4世紀から紀元後3世紀半ばまでが相当する。

この時代には稲作が列島内に普及した。ここでいう「稲」とは温帯ジャポニカのことだ。私たちは漠然と「稲」という作物があると思っているが、実際には「温帯ジャポニカ」「熱帯ジャポニカ」「インディカ」の3品種があり、これを「稲」と総称しているに過ぎない。弥生時代になって日本列島に流入してきたのは、水稲耕作に適した温帯ジャポニカだ。この品種は水田の雑草を取る、肥料を与えるなど管理をすればするほど、実りが豊かになる特性を持っている。

温帯ジャポニカを含むすべての稲は、日本列島に自生していない。つまり、日本列島以外からもたらされた外来作物だ。この作物の起源地はかつて、「インド亜大陸東北部のアッサム、中国大陸南西部の雲南地方」とされていたが、現在では「中国大陸の長江中~下流域」とする説が定説となっている。

日本列島への伝播ルートについては、長江中~下流域を起源地とし、

○中国の江南地方からダイレクトに伝わった

○朝鮮半島の東端を経由して伝わった
○南西諸島を北上して伝わった
など複数の説が提唱されており、このうち考古学や植物学では、江南地方からの伝来説が有力視されている。

水稲耕作による温帯ジャポニカの栽培は、縄文時代晩期に北部九州で始まり、弥生時代に全国的に普及した。つまり、いきなり時代が切り替わったのではなく、北部九州が先ず弥生時代に入り、弥生文化が徐々に東上することによって、日本列島全体が弥生時代に移行した訳だ。これとともに普及したのが、青銅器・鉄器などの金属器だ。

水稲耕作、金属器とも縄文時代の日本にはなかったものだ。このため両者をもって弥生時代の特徴としても差し支えなかろう。

堤防工事に先立つ調査で見つかった銅戈・銅鐸

展示室には、柳沢遺跡で発見された遺物が整然と並べられている。この遺跡の名が全国的に知られたのは、平成19年（2007年）のこと。千曲川での堤防建設に先立って発掘調査を行ったところ、弥生時代中期後半～後期と推定される埋納坑から、銅戈《どうか》と銅鐸《どうたく》が見つかったのだ。

銅戈は青銅製の武器だ。開いた2ケ所の孔に紐を通し、木製の柄と結びつけ、薙ぎ斬る、ひっかけるなどの使い方をした。銅鐸は青銅製の楽器で、吊り下げて振り鳴らした。この武器と楽器は日本伝来後、実用具から祭祀用具に変化した。埋納した状態で見

柳沢遺跡（提供：長野県埋蔵文化財センター）

つかるのは、破損したから捨てたのではなく、祭礼目的で敢えて土中に埋めたのだ。

　柳沢遺跡が話題となったのは、弥生時代中期後半に、青銅器による水田祭祀の文化が、東日本まで伝わっていたことが確実になったためだ。この意味において柳沢遺跡は、宗教面も含めた弥生文化の普及を知るうえで、重要な意味を持つ遺跡といえるのだ。

　現状、柳沢遺跡以北では銅戈・銅鐸の埋納事例は確認されていない。その意味において柳沢遺跡は今のところ、埋納例の北限と位置づけて良かろう。

　なお、銅戈8点、銅鐸5点をはじめとする柳沢遺跡出土品212点は、国の重要文化財に指定されている。

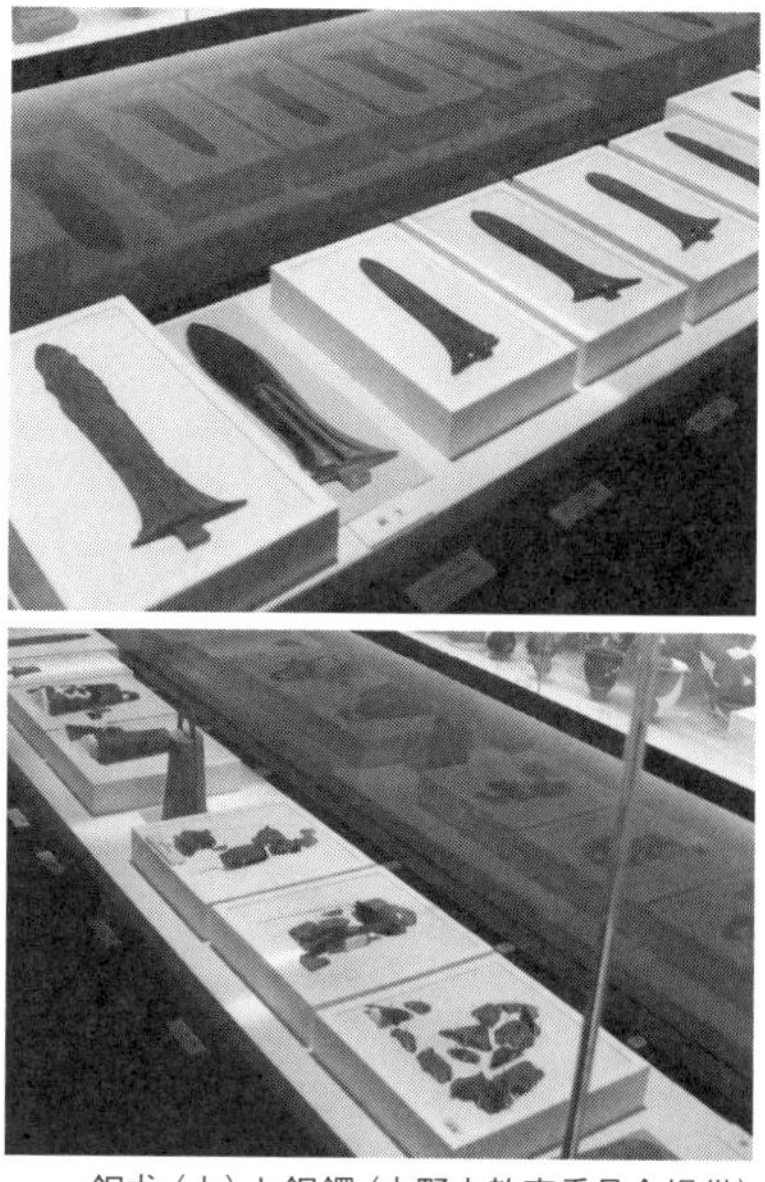

銅戈（上）と銅鐸（中野市教育委員会提供）

急激に寒冷化に向かった気候

ところで、水稲耕作と金属器に代表される弥生文化。漫然と日本列島に入り、信州にまで伝播した訳ではない。背景には地球規模の気候大変動と、これに伴う世界的動乱があった。

最初に起こったのは気候大変動だ。今から約8000年前、気候温暖化はピークに達し、今度は寒冷化に転じる。ただし、いきなり寒くなった訳ではない。寒冷と温暖のサイクルを繰り返しつつ、平均気温が全体的に低くなり始めたのだ。

人類はこの変化に対応しつつ、生活を営んでいたが、約3500年前、社会の維持が困難になるほど、気候が急激に寒冷化する。これにより日本列島では、狩猟・採取、原始的農耕に頼る縄文社会が、衰退を強いられるのだ。

衰退とは具体的には、人口減少を指す。縄文時代後期〜晩期に、日本列島の縄文人の数が激減していることは、小山修三氏（文化人類学者・考古学者）の縄文時代の人口研究から判明している。最盛期の縄文時代中期には約26万人いた縄文人が、後期には約16万人に減り、晩期には7万5000人にまで落ち込んでいるのだ。人口の多寡が社会の活力に影響するのは、古今東西変わらない現象だ。

急激な寒冷化の影響は汎世界的であり、農業に完全シフトしていた地域でも、大混乱が生じた。農業技術が進んだ現代でさえ、農作物生産性は気候によって大きく左右される。農業技術が未発達の古代、気候の急激な寒冷化が社会に与えたダメージのほどは、想像以上に深刻だった。

世界規模で発生した動乱

こうなると生きのびるには、
①条件の良い場所に移る
②土地を拡げて生産性を高める
の2択しかない。このため世界的に民族移動が勃発し、各地で領土拡大に伴う軍事衝突が発生した。

メソポタミアでは、古バビロニア王国がカッシート人の侵入を許し、アッシリアやミタンニ王国など、新興勢力が勢いを伸長。アナトリア半島ではヒッタイト王国が、人類史上初となる鉄製の武器を手に、ミタンニとエジプトの両王国に攻勢をかけ始めた。

これに対してエジプトでは、それ以前の古王国・中王国以上に専制的な新王国が成立し、積極的な対外政策のもと、ヒッタイト王国と抗争を繰り広げ始めるのだ。

中国大陸も動乱期に入った。殷王朝は次第に勢力が衰え、紀元前1100年ころ周王朝にとって代わられる。この周王朝も同771年、チベット系遊牧民〝犬戎〟の侵攻を許して以降、次第に勢力が低下。中国大陸は群雄割拠の春秋戦国時代へと突入する。

同時代は斉・晋・呉・越などの国々が、中国大陸の覇権をかけて戦った大動乱期だ。斉の桓公、晋の文公など幾多の英雄を輩出し、孔子・墨子などのいわゆる〝諸子百家〟が智を競いあったのもこの時代だった。

この大動乱は秦王・政が中国全土を統一し、秦帝国を樹立。始皇帝として即位したことで一旦収束する。しかし、「焚書坑儒」を強行するなど、始皇帝の政治はあまりに先鋭的だった。急激な変化による反動から始皇帝の死後、陳勝・呉公の乱に代表される民衆反乱が勃発し、中国大陸は再び動乱の時代へと入る。

「焚書坑儒」の様子

秦の始皇帝

このなかで楚の項羽と〝沛公〟こと劉邦による「楚漢の攻防」というかたちで頂上決戦が行われる。前半はワンマンタイプの英雄項羽が有利だったが、人使いに長けた劉邦が次第に劣勢を挽回。最終的には項羽を敗死させた劉邦が紀元前202年、漢王朝を樹立して中国大陸の大動乱は収束するのだ。

弥生時代の遺跡と遺物が物語ること

動乱や圧政が生じた際、逃げられる環境にあれば、逃げたくなるのは古今東西を問わない人情だ。秦の圧政と楚漢の攻防に際、中国大陸の多くの人々が国外退避を図り、海を隔てた日本列島に流入した。つまりは、ボート・ピープルだ。

彼らのほとんどは西日本に上陸した。前出の小山修三氏の研究から、縄文時代晩期直後、西日本で急激に人口が増加したことが分かっている。縄文時代晩期の人口が先に示したように7万5000人だったのに対し、弥生時代に入ると60万人近くに膨れ上がるのだ。彼らこそ日本列島に、水稲耕作、金属器（鉄器・青銅器）など先進的な大陸文化をもたらした「渡来系弥生人」だった。

ちなみに、信州内でも複数確認されている方形周溝墓（棺を納める墳丘の周囲を方形の溝で囲んだ墓）は、秦独自の墓制であることが、中国の研究者によって指摘されている（愈偉超「方形周溝墓」季刊 考古学54 雄山閣）。

このなかで弥生人と縄文人の緩やかな混血が生じ、弥生文化は次第に日本列島に流入。時代は弥生時代へと移行し始め、やがて信州にも波及する。つまり、信州での弥生時代開始は、①気候寒冷化による世界的動乱発生→②始皇帝と秦王朝の圧政→③楚漢の攻防→④日本列島への大陸文化流入という流れの末に起こったことなのだ。

信州に点在する弥生時代の遺跡や、遺跡から検出された数々の遺物は、古代の信州が世界的規模の激動と、決して無関係ではなかったことを今に伝えている。

信州史×世界史

世界の太陽信仰と塩田平の生島足島神社

下之郷に鎮座する生島足島神社

塩田平とは上田市の南西に広がっている、数キロ四方の盆地をいう。上田市と別所温泉を結ぶ上田電鉄別所線の沿線一帯だ。西に夫神と女神の両山が、南に独鈷山と富士岳がそびえており、この山々から流れ出た水は、尾根川・湯川・産《うぶ》川となって千曲川に流れ込み、最終的には日本海に注いでいる。

この地一帯はかつて「安宗郷《あそのごう》」と呼ばれた。これは古代に九州阿蘇の大豪族「多氏」が、大和国（奈良県）に到ってヤマト政権の樹立に貢献し、その一族が「信濃国造《しなののくにのみやつこ》」として赴任。父祖の地にちなんで、この地を「あそ」と呼ぶようになったと推定されている。

気候が穏やかで土壌が肥沃なため、この地は農作に適しており、江戸時代には「塩田三万石」と呼ばれる穀倉地帯として、上田藩の貴重な収入源となっていた。生島《いくしま》大神・足島《たるしま》大神の2柱を祭祀する生島

生島足島神社（提供：上田市マルチメディア情報センター）

足島神社は、この塩田平の下之郷に鎮座している。社は上田電鉄別所線の下之郷駅を降りて、徒歩ですぐの場所にある。参道への入口に立つのは「日本中央　生島足島神社」と刻まれた大きな標石。鳥居も社殿も鮮やかな朱色で統一されているのが印象的だ。

　意外に思うかも知れないが、この神社は諏訪大社と縁が深く、向かい合って北の方角50メートルの位置には、摂社（本社に付属する縁の深い神社）として諏訪社が鎮座している。社殿は慶長15年（1610年）、上田城主真田信之の寄進によるものだ。

武田信玄自筆の「願文」が残る

　この諏訪社では毎年11月3日から4月13日にかけて、「御籠《おこもり》祭」と呼ばれる神事が行われる。諏訪社の祭神「お諏訪様」が、南の「生島足島様」のもとに遷り、計26回、御粥を炊いて供するのだ。これは神代の昔、諏訪の祭神が祭祀の地に向かう際、この神社に立ち寄り、生島足島神に粥を献上してから、諏訪に向かったという社伝に基づいている。

神事の由来となる社伝は、生島足島神社の創建時期が、諏訪大社よりも古いことを意味しよう。平安時代に作成された『延喜式』には、「生嶋足嶋神社二座名神大社」と記されおり、文字史料からも古さが伺える。

中世以降は「下之郷大明神」「諏訪法性大明神」などと呼ばれ、厚い信仰を集めた。とりわけ戦国時代、武田信玄の手厚い尊崇を受けたのは有名だ。東信濃を制圧した信玄が最初にお礼参りしたのが同社であり、上杉謙信と大戦をする必要に迫られた際、信玄は戦勝を祈る「願文」を自筆で認め、この神社に捧げた。神社内にはこの「願文」に加えて、信玄が配下の武将たちに忠誠を誓わせた「起請文」83通、真田昌幸朱印状1通など、計94通の古文書が残り、国の重要文化財に指定されている。

現在の社名に変わったのは、江戸時代中期のことだ。

御神体は大地

生島大神・足島大神の2柱は、『古事記』『日本書紀』が記す記紀神話には登場しないが、日本国が形成された時期から、国土を守ってきた神だという。2柱を祀る神社は、近畿地方を中心に数社しかなく、東日本では皇居内宮中三殿とこの社のみ。皇室で祭祀される23柱のうちの2柱というから、まさに特別な神格だ。皇室の神がこの地に祭祀されているのは、先に紹介した信濃国造が、この地に赴任した際、勧請（神仏の御分霊を迎えること）したと推定されている。

ほとんどの神社では本殿と拝殿があり、本殿に御神体を祭祀している。御神体は鏡や玉などが多いが、この生島足島神社は異なる。拝殿のなかに「大社造り」の社があり、社の下の土がむき出しとなっている。つまり、大地が御神体なのだ。

鏡など人工のものを御神体とするのは、日本の神信仰では新しいほうだ。神は時を定めて異界より来り、峻険な山、巨木、巨岩など自然のものに依った。そして一定の祭祀を受けたあと、異界へと戻ったのだ。土間を御神体としている点、生島足島神社は神信仰の古いかたちを伝えているといえよう。

ちなみに、塩田平の上本郷地区に鎮座する「泥宮《どろみや》」は、社名通り「泥」を御神体としているそうだ。大地を御神体とする生島足島神社、泥を御神体とする泥宮。どうやら塩田の地には、古層の信仰スタイルを奉じる人たちが、住みついていたようだ。

鳥居を通る夏至・冬至の太陽

この生島足島神社で興味深いのは、大地信仰があるのに加え、太陽信仰も伺える点だ。夏至と冬至、太陽の光が鳥居の真ん中を通り抜けるよう配されているのだ。

このような演出がなされている神社は、ほかにも

生島足島神社の東鳥居越しに昇る夏至の太陽

ある。代表的なのは三重県の伊勢神宮だろう。夏至には伊勢神宮近くにある二見浦の夫婦岩の真ん中から締め縄を潜って朝日が昇り、冬至には山の際から姿を現した太陽が、大鳥居の真ん中を通って昇る。

伊勢神宮の祭神天照大御神は、天界の神々を統べる太陽女神だ。記紀神話にも登場し、天孫降臨にも関わるなど重要な役割を果たす点、日本の神における最高神格と言っても良い。伊勢神宮はその神を祭る神社だから、太陽に関する演出がなされていても、何の不思議もない。生島足島神社も皇室由来の神だ。太陽に関する演出が施されていても不自然ではない。

太陽に対する信仰は汎世界的だ。これは太陽を神格化した「太陽神」というかたちで表現されている。古代エジプトのラー、ホルス、アメン。古代ギリシアのヘリオスやアポロン（元来は音楽・弓矢・家畜・予言の神であったが、ヘリオスと同一視され太陽神として性格を付与された）。古代ローマのソールとミトラ、メソポタミアのスーリヤやシャマシュ、インカ帝国のビラコチャ、中国の神話に登場する炎帝や、民間信仰で祭祀された太陽聖君など、枚挙に暇がない。

日本では天照大御神に加え、皇祖神の高御産巣日神《たかみむすびのかみ》、天孫降臨に際して高天原の神々を先導した猿田彦が知られる。また、『延喜式』では、太陽神を祭ったと思われる神社が、現在の京都府、奈良県、大阪府、対馬、兵庫県で確認できる。「日置」「日向」を冠した神社も、太陽信仰との関係で考えられよう。祭神は、

○天照国照天火明
○天照国照彦火命
○天照国照彦日命
○天照国照日子火命

といった神々だ。

塩田平とレイライン

太陽に対する信仰が生まれたのは、農業の普及と無関係ではなかろう。日本では水稲耕作を始めとする農耕が本格化した、弥生時代からと推察される。先ず、日光は作物が育つのに不可欠だ。季節の移り変わりを把握する点でも太陽は役立った。この際に

活用されたのが夏至と冬至だ。夏至も冬至も決まった位置から太陽が昇り、決まった位置に太陽が沈む。このため古代の人々は、太陽の道を重視してカレンダー替わりとした。

方法は夏至なら夏至、冬至なら冬至の日に太陽が昇る位置に、巨石を置く、塚を築くといったやり方だ。夏至（または冬至）に太陽が昇る位置を抑えておけば、あとは太陽の出入りを知ることで、季節を判断できる。「目印の真上から太陽が昇る日こそ夏至（あるいは冬至）」という具合に…。季節の推移の把握は、農業を営むうえで極めて重要なこと。世界各地で確認されているレイライン（太陽光の線）は、農業発祥以来、人々が太陽の道を意識してきた証といえよう。

ちなみに、塩田平を中心とする一帯は、令和2年（2020年）6月19日、『レイラインがつなぐ「太陽と大地の聖地」～龍と生きるまち　信州上田・塩田平』として、日本遺産に認定されている。

信仰両立の不思議

生島足島神社に夏至・冬至の太陽に関して、伊勢神宮と同様な演出が施されている点、太陽信仰が基層にあった可能性はあろう。ただ、かつて文化人類学の大林太良氏が、神話学者・吉田敦彦氏との対談のなかで

「太陽が王権と結びつく場合、よそから乗り込んでき

たものが王者になるケースが多い」

ことを前提として、

「そういう所でもってイデオロギーの上で何か統一的にものを作ろうとする時、太陽みたいなものは非常にいい訳です。つまり特定の土地とも家系とも結びついていないし、皆が仰ぐことができるし、非常に強力である」

と述べているのが気にかかる(「太陽と月」『現代思想』1997年11月号所収　青土社)。

太陽が特定の土地・家系に結びつかないのに対し、生島足島神社が御神体とする大地はどうだろう。特定の土地・家系に直結するように思えてならない。つまり、太陽に対する信仰と大地に対する信仰は本来、相容れないように思えて仕方ないのだ。しかし、生島足島神社には、太陽と大地への信仰が両立している。

同社と太陽信仰は、どうやって結びついたのか。大林氏の指摘を参考にすれば、塩田平に古層の信仰スタイルを持つ集団がおり、ここに太陽を奉ずる集団が他所から乗り込んできたという流れが成り立つ。

ここで何らかの政治的ドラマがあり、結果、太陽と大地に関する信仰が両立するかたちになったのか？　それともドラマは一切なく、古くから塩田の地では、太陽と大地に対する信仰が、違和感なく一体化していたのか？　生島足島神社の太陽信仰は、世界の太陽信仰のなかで、どうように位置づけられるのか。興味が尽きない。

第2章

東アジア史観で見る古代の信州と信州人の国際デビュー

信州史×世界史

弘法山古墳・柴宮銅鐸・『魏志』倭人伝

桜の名所弘法山と弘法山古墳

松本市にある弘法山。春には小高い山一面が桜の花で覆われるため、市内屈指の桜の名所として有名だ。この山の頂上には古墳があり、「弘法山古墳」と命名されている。

やっとの思いで急峻な坂を登り、弘法山古墳の墳丘に立った。眺望は抜群！　松本平はもちろん、安曇野から北アルプスまで一望することができる。

古墳とは「3世紀中ごろから7世紀に築かれた、盛土をした墳丘を持つ墓」をいう。古墳がこの時期の特徴なので、日本史の区分上、「古墳時代」と呼んでいる。範囲的には邪馬台国の女王・卑弥呼が登場したあたりから、7世紀初頭の推古女帝の御代までが入る。この時代の初期には、日本列島内に広域政治連合が複数存在した。有名な卑弥呼を盟主とする邪馬台国連合も、そのうちのひとつだ。

古墳と一口に言っても、

弘法山古墳からの眺望

○前方後円墳：被葬者を納めた円形の後円部と台形の前方部からなる古墳
○前方後方墳：被葬者を納めた方形の後方部と台形の前方部からなる古墳
○帆立て貝式古墳：円墳と方墳をつなげた古墳。外見が帆立て貝に似ていることから命名された。
○円墳：円形の墳丘からなる古墳。古墳時代末期に主流となった。
○方墳：方形の墳丘からなる古墳
などの種類がある。

規模も様々。日本最大の古墳は大阪府堺市大仙町にあって、百舌鳥《もず》古墳群に属する「大仙陵《だいせんりょう》古墳」だ。別に「仁徳天皇陵」と呼ばれることもあるこの古墳は、墳丘の全長約４８６メートル、前方幅３０７メートル、高さ35・8メートルというスケールで、中国の始皇帝陵、エジプトのクフ王ピラミッドとともに、世界3大墳墓のひとつに数えられている。

墓にしては大きすぎる…と思うかも知れないが、古墳には墓以外に、権力の誇示という目的もあった。すべてを人力に頼る古代、巨大土木工事は、多大な辛苦を伴った。だが、これを敢えてなすことで、自身の権力のほどを内外に示したのだ。

このため古墳は「見せる」ことを意識し、目立つ場所を選んで造営された。大阪湾に臨む場所に、大仙陵古墳を含む百舌鳥古墳群・古市《ふるいち》古墳群が造営されたのは、瀬戸内海を控えた同地が、当時の外交の玄関口だったからだ。

東日本最古の前方後方墳

古墳の今ひとつの目的は、政治的結束の確認だ。古墳時代、各地の政治勢力は同じかたちの古墳を造営することで、結びつきを強めていた。つまり、どの政治勢力に属しているかを可視化するため、古墳は造営されたのだ。

弘法山古墳の目的も同様だ。現在でこそ土の塊のようになっているが、造営当初は全体が石で葺かれ、山も木々が切り払われ、見せるための演出が施されていた。現在よりもっとハッキリ、目視できたのだ。

弘法山古墳のデータは以下のようになる。

○かたち＝前方後方墳

○全長：66メートル
○前方部の長さ25メートル、幅22メートル
○後方部の長さ41メートル、幅47メートル
○造営時期：3世紀末（古墳時代前期）
○埋葬施設：竪穴式石室
○石室規模：長さ5・5メートル、幅1・5メートル、深さ1メートル
○石室素材：梓川、奈良井川、薄川、田川の河原石。蓋石（天井）はなく、石室の周囲には石室を保護するための石積があった。

かたちが前方後方墳であるから、弘法山古墳の被葬者は前方後方墳体制ともいうべき、政治勢力に帰属していたことになろう。東海系の土器が検出されているから、東海に割拠した政治勢力のようだ。造営時期に関しては、東日本最古だという。

この弘法山古墳が、如何にして世界史とつながってくるのか？

ここで視点を『魏志』倭人伝へと移したい。これは中国の歴史書で、西晋の陳寿によって記された『三国志』中の「魏書」第30巻烏丸鮮卑東夷伝倭人条の略称だ。『三国志』が記す範囲は、後漢王朝の末期から、西晋王朝が中国大陸を統一するまで。年代的には紀元後180年あたりから、280年の約100年間だ。中国はむろん、当時の東アジアを知る文字史料であり、弥生時代末期から古墳時代初期の日本にも触れられている。

邪馬台国と敵対した狗奴国

さて、この『魏志』倭人伝中に、「邪馬台国の女王・卑弥呼が、卑弥弓呼《ひみくこ》なる男王が統べる狗奴国《くな》と争っている」旨が記されている。邪馬台国の位置が特定されていないのと同様、狗奴国の位置も特定されていない。ただ、近年の顕著な発掘成果により、候補地として有力視されている場所がある。濃尾平野だ。

この平野が最初に注目を集めたのは、平成4年（1992年）の観音寺山古墳（岐阜県美濃市）での調査だ。同古墳は標高155メートルの観音寺山山頂に築かれた、全長20・5メートルの前方後方墳だ。調査の際、中国の「新」王朝の年号を刻んだ銅鏡が検出されたため、大騒ぎになった。王莽なる人物が樹立したこの王朝は、前漢と後漢のあいだに挟まれて、15年ほど存在した超短命王朝だ。流れる雲、青龍・朱雀・玄武・白虎の4霊獣、新王朝の安泰を願う銘文を刻んだ鏡は、造りの見事さもさることながら、大きさの点で度胆を抜いた。直径23・6センチ。全国でも最大級のクラスだったのだ。

中国で新王朝が存在したころ、日本は弥生時代後期あたりになる。つまり、弥生時代の日本列島に、濃尾平野を中心とする文化圏が存在し、中国皇帝から巨大な鏡を入手できるだけの実力者がいたのだ。

弘法山古墳の被葬者は狗奴国構成員

平成9年（1997年）に調査が行われた象鼻山1号古墳（岐阜県養老郡養老町）は、明確に狗奴国との関係が指摘された。、標高142メートルの象鼻山には、円墳や方墳など3〜7世紀の古墳が60基以上もある。山頂に築かれた象鼻山1号古墳は、全長40・4メートルの前方後方墳だ。規模は古墳群中で最大。造営年代は3世紀中ごろと推定されている。

この古墳について平成10年（1998年）1月に刊行された『考古学ジャーナル』（ニュー・サイエンス社）は、発掘を担当した宇野隆夫氏（富山大学人文学部　当時）の言葉を紹介している。同氏は、「象鼻山1号古墳第2次調査」の成果と題した論文中で、墓の特徴について、

「全体として東海独自あるいは東日本的な要素が強く、若干の畿内的な要素を含んでいる」

としたうえで、

「前方後方墳は、前方後円墳の下位にある略式形式ではなく、東海地方を起源として生成した独自の前方後方墳の到達点であったと理解したい」

と象鼻山1号古墳についての見解を述べ、「狗奴国王、あるいは王族の墓」と推定している。

弘法山古墳も東海起源の前方後方墳であり、東海地方の土器が検出されている。どうやら弘法山古墳の被葬者は、『魏志』倭人伝が記す狗奴国に属していたようだ。

信州全体が狗奴国だった？

狗奴国の場所に関して、考古学者の寺沢薫氏は、講談社刊行の『王権誕生』（日本の歴史02）で、こんなことを述べている。

「私は――土器を盛んに赤く塗る地域――濃尾、科野、毛野といった東山道を中心とした地域と三遠地方、が倭人伝がイメージした『狗奴国』世界の実像だったのではないかと思っている」

科野はもちろん信濃。実際に赤く塗った土器も見つかっている。箱清水式土器がそれだ。この土器は善光寺平を中心として分布する土器であり、明治33年（１９９０年）に見つかった。現在の長野西高等学校の前身となる、長野高等女学校の移転に際しての工事で、偶然発見されたのだ。

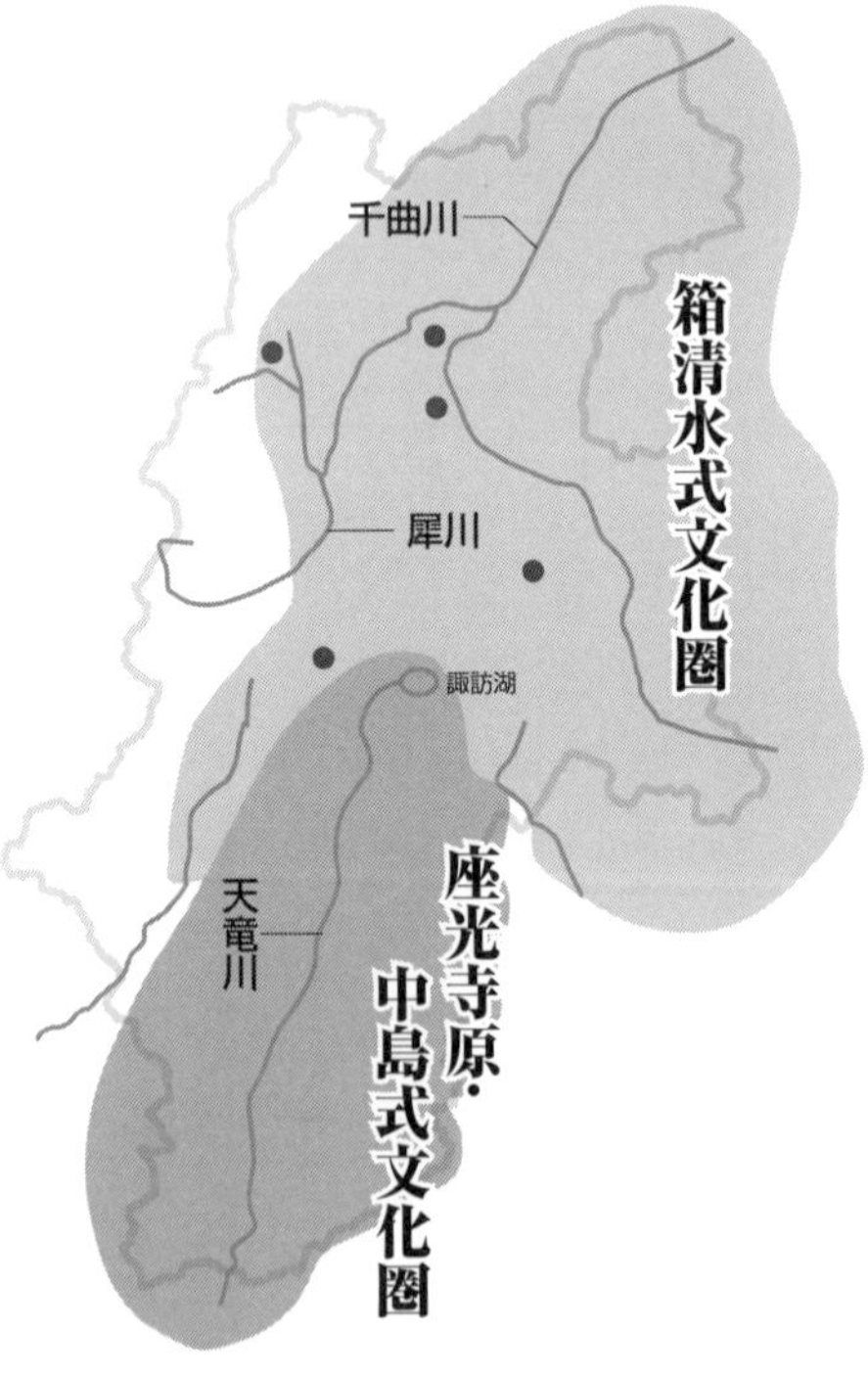

箱清水式土器は、甕以外の土器のほとんどが赤く塗られていることから、「赤い土器」という異称もある。善光寺平を中心として、千曲川と犀川流域に広く分布し、関東にまで影響を与えているという。この土器群が分布する千曲川・犀川流域に、独自の文化圏があったことは確かだろう。この地域は考古学上、「赤い土器のクニ」と呼ばれている。

弘法山古墳は狗奴国に属していたことは間違いないとして、『魏志』倭人伝は北信濃も、狗奴国と見ていたのだろうか。もしかすると、信州自体を狗奴国と見ていた可能性も否定できない。

塩尻で検出された柴宮銅鐸

昭和35年（1960年）10月、塩尻市で見つかった柴宮銅鐸は、信州＝狗奴国との関連で考えられる遺物だ。それまで信州での銅鐸出土例はなく、「信州は銅鐸文化の圏外」との考えが定説化していたため、銅鐸が出土したところ、大騒ぎとなった。現在、銅鐸が出土した大門神社境内には、「柴宮銅鐸出土の地」と刻まれた石碑が立っており、銅鐸自体は塩尻市立平出博物館に所蔵・展示されている。

この銅鐸は東海地方をルーツとする「三遠式」の銅鐸だ。金属器は弥生時代当時、最先端の利器であったから、タダで手に入れたとは考えにくい。塩尻一

柴宮銅鐸（塩尻市立平出博物館所蔵）

帯を統べる首長が、三遠式銅鐸を所蔵している場所に出向いて、服属の見返りとして入手したと考えるのが自然だ。（「柴宮銅鐸の周辺」桐原健＝『平出博物館紀要』第14集　平出博物館）東海地方は狗奴国の最有力地だから、三遠式銅鐸＝狗奴国特有の銅鐸と考えても差し支えあるまい。

ところで、不思議なことに『魏志』倭人伝は、銅鐸に一切言及していない。陳寿が銅鐸に関する情報を見落とした、もしくは無視したとは考えにくい。朝鮮半島南部で行われていた鐸を手にしての舞に関し、わざわざ「中国の鐸舞に似ている」と言及しているのだ。となると、当時の日本からは銅鐸が姿を消していたと考えるしかない。

近年の研究では、縄文時代以降、大陸から日本列島への渡来は3波あったとの説が提唱されている。

第1波は稲作を携えた人たち。第2波は弥生時代前期後半、大陸系の青銅器を携えた人たち、第3波目が3世紀ころ、つまり、『魏志』倭人伝が活写した時代だ。銅鐸は第2派の人々の祭祀道具であったが、

柴宮銅鐸が出土した場所

彼らが第3波の人々の支配下に入る際、服従の証として埋納された可能性が指摘されている。

邪馬台国と狗奴国の対立は、第2派渡来者集団と、第3派渡来者集団の争いだったのだろうか。真相は闇のなかだ。ただ、弥生時代末期から古墳時代初期の信州が、東アジア世界とつながっていたことは確かだろう。

信州史×世界史

信州への渡来人と海を渡った信州人

東日本最古の積石塚古墳

須坂市にある八丁鎧塚《よろいづか》古墳を訪れた。須坂扇状地の上流部にある6基の古墳だ。このうち1号墳と2号墳が、県の史跡に指定されている。善光寺平を隔てて、妙高・黒姫・飯縄・戸隠・斑尾の北信五岳が見える。

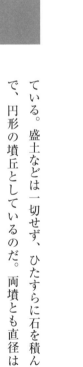

1号墳と2号墳は、積石塚というスタイルをとっている。盛土などは一切せず、ひたすらに石を積んで、円形の墳丘としているのだ。両墳とも直径は25・5メートル。高さは3・5メートル。積石塚古墳としては、東日本最古にして、最大級とされている。石はどれも両手で持たなければならないほど大きい。これだけの墓を造るのは並大抵の労力ではなかろう。

昭和32年（1957年）の発掘調査を皮切りに、複数回調査が行われた結果、築造年代は1号墳が5世紀前半、2号墳が5世紀後半と判明した。調査の

八丁鎧塚古墳

結果、「スイジガイ」、「ゴホウラガイ」という貝を素材とする貝製腕輪の破片や、獅嚙紋（獅子の頭部を模様化したもの。兜《かぶと》の目庇の上や鎧の肩、火鉢の脚などの装飾に用いる）の入った帯金具などが検出された。貝はいずれも南海産で、西日本での出土例が多い。主に中小古墳から見つかるため、八丁鎧塚古墳の被葬者は、西日本の中小豪族と同程度の実力を有していたと推定される。

加えて、積石塚形式の古墳は、朝鮮半島に多いことから、この八丁鎧塚古墳の被葬者は、朝鮮半島からの渡来者と推定されている。

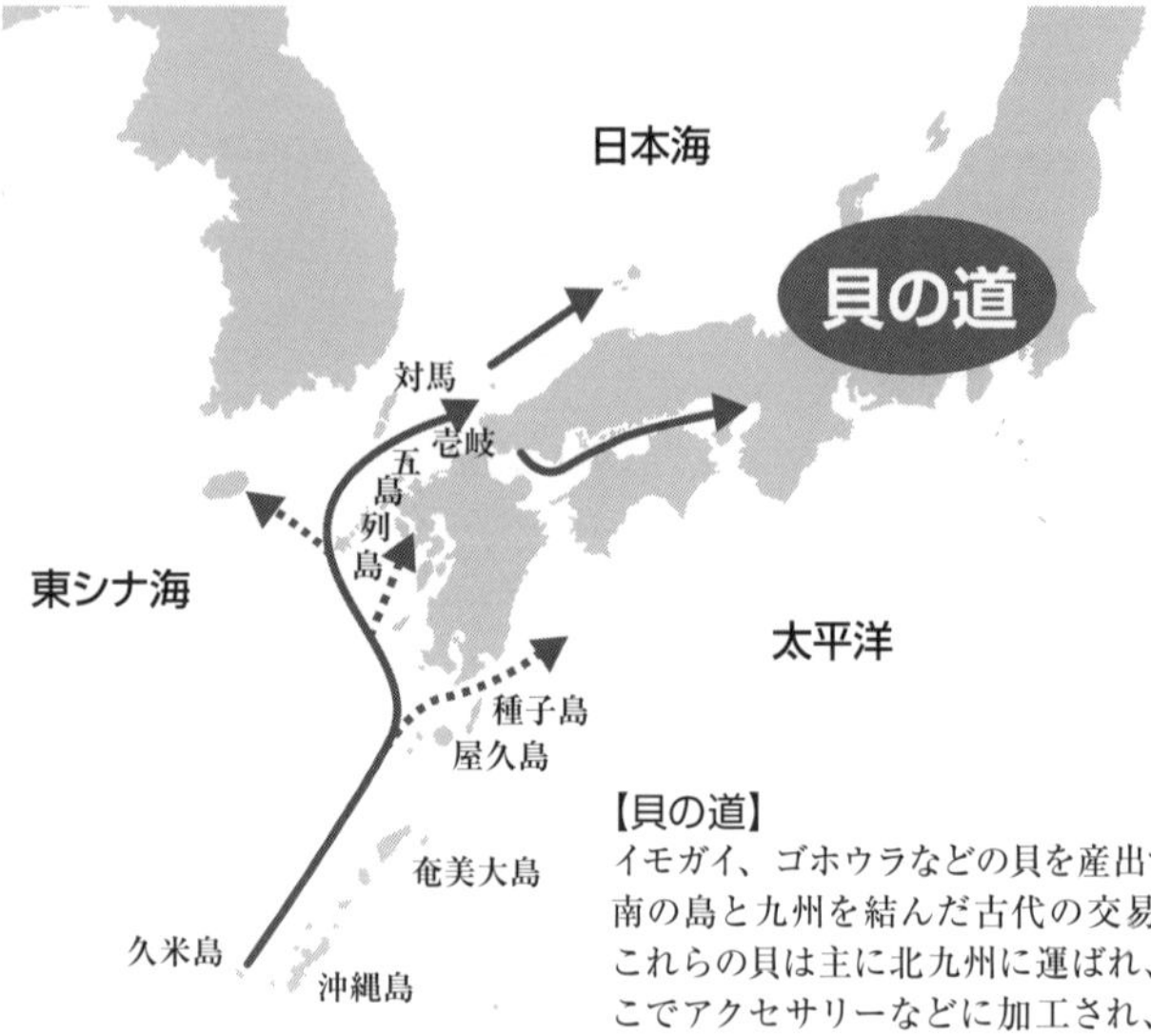

【貝の道】
イモガイ、ゴホウラなどの貝を産出する南の島と九州を結んだ古代の交易路。これらの貝は主に北九州に運ばれ、そこでアクセサリーなどに加工され、全国へ交易品として運ばれたと見られる。

古墳時代に完成していた日本人の特性

古墳時代に渡来したのは、八丁鎧塚古墳の被葬者ばかりではない。この時代、じつに多くの人々が、中国大陸や朝鮮半島から渡来した。著名なところでは、応神天皇の御代に来た、

○弓月君《ゆづきのきみ》：秦の始皇帝の子孫とされ、養蚕と機織を伝えた。
○阿地使主《あちのおみ》：後漢の霊帝の子孫とされ、政権内で文筆・財政を担当した。
○王仁《わに》：論語と千字文を携えて渡来し、古代中国の思想家・孔子が創始した儒学を伝えた。

の3人がいる。彼らは先進的な大陸の知識や技術を

阿地使主

王仁

伝えると同時に、率いてきた民とともに日本に根を下ろした。このなかから「秦氏」「漢氏」などの氏族が出、ヤマト政権で重きをなすのだ。ほかにも政治システム、風習、習慣などありとあらゆるものが、渡来人によってもたらされた。

この波濤の如き外来文化の波を受けつつも、古代の日本は「先進的な外来文化だから…」と、すべてを受容した訳ではなかった。生贄の風習や宦官（男性を去勢して宮廷に入れる）の受け入れは拒否した。都市をめぐる城壁や、皇帝を祀る祖廟も受容しなかった。外来文化の強い刺激を受けつつも、自らのアイデンティティにそぐわない文化は峻拒したのだ。

日本人の特性として良く、「宗教を含む様々な外来文化を取捨選択しつつ融合させ、独自の姿に変えてしまう」という点が指摘されることがある。この特性はすでに古墳時代、完成レベルまで到達していたと考えて差し支えなかろう。

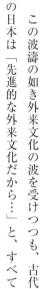

日本姓に改める渡来人たち

ところで、古墳時代の信州、とくに北信地域には多くの渡来人が住みついていたようだ。信州には以前、「高井郡」という郡があった。この郡には現在の

・須坂市
・上高井郡と下高井郡
・長野市の一部（若穂各町・松代町大室）
・中野市の一部（千曲川以東）
・飯山市の一部（千曲川以東）
・下水内郡栄村の一部（千曲川以東）

などが含まれる。

この旧高井郡内には、５００基以上の積石塚が認められるそうだ。さらに「高井」という姓に関して、平安時代に成立した『新撰姓氏録』からは、この姓が朝鮮半島の高句麗を建国した朱蒙にさかのぼることが分かるという。このため旧高井郡は、朝鮮半島からの渡来者によって建郡されたとの説もある。

彼らは当初、朝鮮半島で使っていた姓を名乗っていたが、平安時代に入ると、相次いで日本姓に変えている。例えば、『日本後記』の延暦16年（７９７年）の3月17日の条に、「信濃国で外従八位下の位にある前部綱麻呂に安坂という姓を与えた」との記述が見える。

「前部」という朝鮮姓から、「安坂」という日本姓に変えてもらったという訳だ。東筑摩郡筑北村に安坂将軍塚古墳という積石塚古墳群がある。安坂姓を下されたのは、この古墳群の関係者だろう。

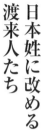

同書の延暦18年（799）12月5日の条は、12名の渡来人子孫が改姓を願い出た旨が記されている。彼らは「祖先は高麗（朝鮮半島）の出身」と切り出したうえで、「今まで姓を改めずにきたが、日本姓に改めたい」旨を申し出て許されている。結果、「須々木」「豊岡」「村上」「藤井」「玉川」「清岡」「御井」「朝治」「玉井」などの日本姓を与えられるのだ。

ちなみに、最初の須々木は「すすき」と読む。松本市に薄神社、薄川があり、付近では積石塚古墳も検出されている。

海を渡った信州人

彼らは信州への渡来人だが、反対に信州から朝鮮半島に渡った人々もいた。紹介するのはいずれも、奈良時代に成立した日本の公的歴史書『日本書紀』中の記述だ。

「継体天皇10年9月、百済が日本人のシナノアヒタ（斯那奴阿比多）を正使に、高麗人を副使として派遣してきた。両国は誼を結んだ」

「欽明天皇5年2月、百済がシナノシシュ（斯那奴次酒）ほか2名を遣わしてきた」

「欽明天皇14年正月、百済がシナノシシュ（科野次酒）ほか1名を遣わして、援軍を要請してきた」

「欽明天皇14年8月、百済がシナノシラギ（科野新羅）ほか1名を遣わし、表を奉った」

「シナノ」と出身地を姓として名乗り、百済からやってきた信州人については従来、「ヤマト政権によって朝鮮半島に遣わされた信州人の2世・3世が、百済政府に外交官として重用された」という説が提唱されてきた。しかし、信州大学の牛山佳幸氏は、平成8年（1996年）6月30日、塩尻市立平出博物館で講演した際、興味深い考察をしている。少し長くなるが、引用してみよう。

「これはむしろ、大和政権とは別にシナノが独自に百済に仕えていたことを示しているのではないかと思うのです。シナノの地域と大和政権とは相対的に独立した地域で。もちろん大和政権は当時の日本列島で最強の国なのですが、日本列島を全部おさえていたわけではないのです。そうしますと、シナノ出身者というのは、百済の王朝に仕えているのです（中略）、どういう経過で仕えたかということについては、大和政権を介してではなく、むしろシナノと百済が直結していたと考えたいですね。どうしてこんなことが可能かと言いますと、もともとシナノに住んでいた人が渡来人なのです。しかも日本海を直接渡って来て住みついている人達です。大和朝廷とは無関係に、ある意味では勝手にシナノにやって来て住んでいると言ってもよいでしょう。そして、たまたま大和政権の言葉が理解できるということで、百済の役人として大和政権に仕えているということなのです」（「仏教から古代文化を探る」『人の往来・物の往来』平出博物館ノート12　塩尻市立平出博物館所収）

旧高井郡が朝鮮半島からの渡来人によって、建郡されたとの説と考え合わせると、牛山氏の考察は説得力がある。

信州北部に大量の渡来人が住みついており、彼らが直接百済王朝に仕えたとすると、日本海を介して、信州北部と朝鮮半島を結ぶルートが必要になる。

日本海ルートの鍵を握る2遺跡

この日本海ルートを知るうえで、手がかりとなる遺跡が2つある。長野市篠ノ井塩崎の伊勢宮遺跡、下高井郡木島平村の根塚遺跡だ。

根塚遺跡全景
（提供：木島平村教育委員会）

伊勢宮遺跡では昭和60年（1985年）の調査で、20数体の人骨が検出された。骨の状態は良くなかったが、専門家に依頼してわずかに残った歯や骨の形質を分析してもらった。結果、性別や年齢は不明ながら、多くの歯が歯裏のくぼんだシャベル状の形状をしており、渡来系弥生人に近い形質が確認できた。また、20歳と見られる女性の遺骨からは、渡来系弥生人と同じくらい背が高いことが、確認できたという。日本海側と交流が想定される長野市で、渡来系弥生人の人骨が出たことは、信州─日本海ルートを想定するうえで、重要な意味を持っている。

根塚遺跡は3世紀後半、弥生時代終末期の遺跡だ。同遺跡からは平成8年（1996年）の調査で、朝鮮半島南部の伽耶《かや》地方で鍛造されたと推定される、鉄剣2本が検出された。渦巻状の装飾がついた1本は、長さ74センチでサーベル状の形状をしており、現在のところ、東アジアでは唯一の出土例だという。

また、令和3年（2021年）12月には、出土品

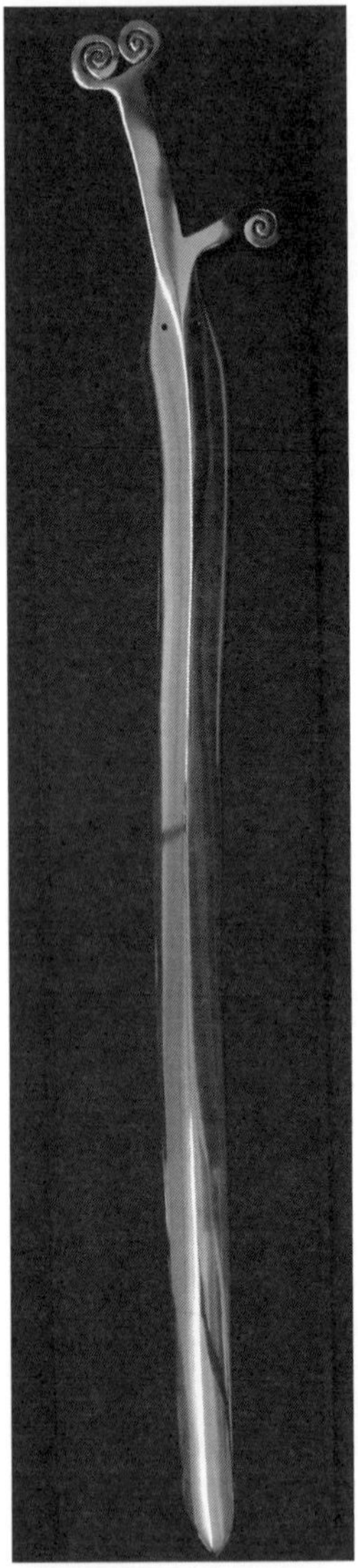

根塚遺跡出土の鉄剣（レプリカ）
（提供：木島平村教育委員会）

根塚遺跡出土の三韓土器
（提供：木島平村教育委員会）

再調査の際、「三韓土器」が確認された。これは紀元前1世紀から紀元後3世紀に、朝鮮半島南部で作られた土器をいう。今まで九州・近畿の海浜部での発見例はあったが、東日本の内陸部での発見は初めてになる。

さらに先のページで紹介した赤い土器「箱清水式土器」も大量に出土している。「赤い土器のクニ」の中心地だったのだろうか。

日本海を介して古代の信州と朝鮮半島を結んでいたルート。信州から見える世界史を考えるうえで、極めて興味を引かれる。

信州史×世界史

東アジア視点で考える信州の初期仏教遺跡

明科にあった古代仏教寺院

安曇野市明科。古代、この地に仏教寺院があった。出土した瓦から推定される創建時期は、7世紀後半。平安時代半ばには廃絶したため、「明科廃寺」と呼ばれている。信州内で最も古い寺院のひとつであり、5度の発掘調査で大量の瓦が見つかった。ただ、寺院があったと推定される大部分が住宅地で調査が難しく、寺院の規模は分かっていない。

現代では仏教寺院＝葬儀の場にして墓地のある場所となっているが、明科廃寺があった時期、仏教寺院は人の生死とは無関係だった。情報や物資の集積地にして、特定の権力者が当該地域を治める拠点として機能していた。

これは仏教が6世紀の伝来当初から、国家鎮護を目的とする、最先端の思想として輸入されたことによる。仏教受容に関して中央政府たるヤマト政権では、当初こそ「崇仏論争」によって揉めたが、結局、「東アジアのグローバルスタンダードたる仏教を受け入れないと、東アジアで孤立する」との判断から、推古女帝の御代、国をあげての受容に踏み切った。

明科廃寺から出土した軒丸瓦（安曇野市所蔵）

穂高にある安曇野市文化財資料センターを訪れて、市の文化財保護係のかたから、明科廃寺の出土物を見せてもらった。8枚の蓮の花を表面にかたどった丸い瓦が、ひときわ目を引く。

名称は、「素弁八葉蓮華文軒丸瓦《そべんはちようれんげもんのきまるがわら》」。蓮の花模様が古代の瓦であることを示しているという。奈良の飛鳥寺の蓮の花がふくらむのに対し、明科廃寺の蓮の花模様は、凹んでいるのが特徴になるそうだ。

明科廃寺の瓦は、犀川を挟んだ塩川原の桜坂窯跡で焼かれたようだ。窯本体こそ発掘されていないが、2ケ所の灰原を調査した結果、明科廃寺からの出土物と同じ瓦が確認できたという。

ひとくちに「窯で瓦を焼く」といっても、当時としては超ハイテク技術だ。いきなり「焼け」と言われても、焼けるものではない。火加減や型作りなど、相応の技術が必要になる。

文化財保護係のかたが言うには、明科廃寺から出土した花弁が8枚の軒丸瓦は、岐阜県の寿楽寺廃寺から見つかったものと同じ型で焼かれているという。各地の有力者の求めに応じて、移動しつつ瓦を焼くプロ集団がいたのだろう。

明科廃寺建立に携った有力者は、現在の明科支所一帯に住んでいたらしい。ここには栄町遺跡という広大な遺跡があり、古墳時代後期の集落跡が確認されているという。

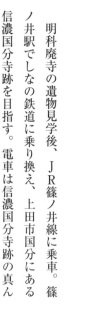

20余年の歳月を擁した信濃国分寺

明科廃寺の遺物見学後、JR篠ノ井線に乗車。篠ノ井駅でしなの鉄道に乗り換え、上田市国分にある信濃国分寺跡を目指す。電車は信濃国分寺跡の真ん中を通って、信濃国分寺駅に停車。電車を降りて早速、信濃国分寺跡へと向かった。

信濃国分寺は奈良時代の天平13年（741年）、聖武天皇が出した「国分寺建立の詔」を受けて造営された官立仏教寺院だ。国分寺（僧寺）と国分尼寺（尼寺）からなっており、国分寺が東西176・56メートル、南北178・05メートル。国分尼寺が東西148・0メートル、南北150メートルの寺域を有した。この区画のなかに金堂・講堂・塔・中門・廻廊・僧坊（国分尼寺の方は尼坊）などの伽藍が建ち並ぶ、堂々たる仏教寺院だった。

ただ、大規模施設の造営は現在でも、経済・技術・労働力確保の点で容易ではない。奈良時代はなおさらだったらしく、各国々は苦心惨憺の末、詔勅からかなりの時間をかけて国分寺を完成させた。各国の

信濃国分寺跡全景
（提供：上田市マルチメディア情報センター）

寺が出そろうのは、８世紀末ころだったようだ。信濃国分寺の造営も例外ではなく、詔勅発布後、20余年の歳月をかけて建てられた。出土物には「佐久」と墨書された須恵器があり、瓦は更級郡で焼かれたと推定されるそうだ。各地域に相応の負担が課された点からして、まさに信濃国をあげた大事業であったことがわかる。

信濃国分寺跡では昭和38年（１９６３年）から同46年（１９７１年）にかけて、７回の発掘調査が行われた。これにより、堂塔の礎石跡や雨落溝などが発見され、僧寺と尼寺の全貌もほぼ明らかになり、瓦や釘などの遺物も多数検出された。

現在は史跡公園として整備されており、僧寺・尼寺は遺構を埋め戻したあと、基壇を復元する方式で保存がなされている。また、建物跡の復元部は、ソイルセメントやアスファルトで覆い、芝生や玉砂利で区画している。このため自身のからだで規模を実感できるのに加え、視覚的にも理解しやすい点がありがたい。

信濃国分寺が造営された上田盆地は古来、東山道の要衝に当たる。奈良時代には国府が置かれたそうだから、律令制発足初期、信州の政治・経済の中心地だった。信濃国分寺の造営地に選ばれたのも、詔が記す「其れ造塔の寺は兼ねて国の華たり。必ず好処を択んで実に長久なるべし」との立地条件をこの地が満たしていたためだろう。

住宅街に出現した超高層ビルと同じ

公園内を一通り歩いたあと、併設されている上田市立信濃国分寺資料館に入った。発掘調査で得られた信濃国分寺跡からの出土品を中心に、上田・小県地方の歩みを、豊富な展示物を駆使して紹介している。

信濃国分寺に関しては、特別にコーナーを設けて、発掘調査の際に検出された遺物を展示している。各種の瓦、円面硯、鉄釘、青磁椀…。これらは現在でこそ、遺物として扱われているが、当時の超ハイテク品の数々だ。

これは現在と同様、最先端の思想と、先進技術はセットになっていることによる。仏教は東アジア最先端の思想であったから、寺院造営、仏像製作、墨書するための墨と筆、経典書写に不可欠の紙など、仏教普及に付随したモノ作りの技術は、すべて先進技術だった。技術だけではない。寺院運営に関するノウハウも最新鋭だった。

ところで、信濃国分寺コーナーに、「壮大な国分寺の建てられたころ、一般の人々はどんな家に住ん

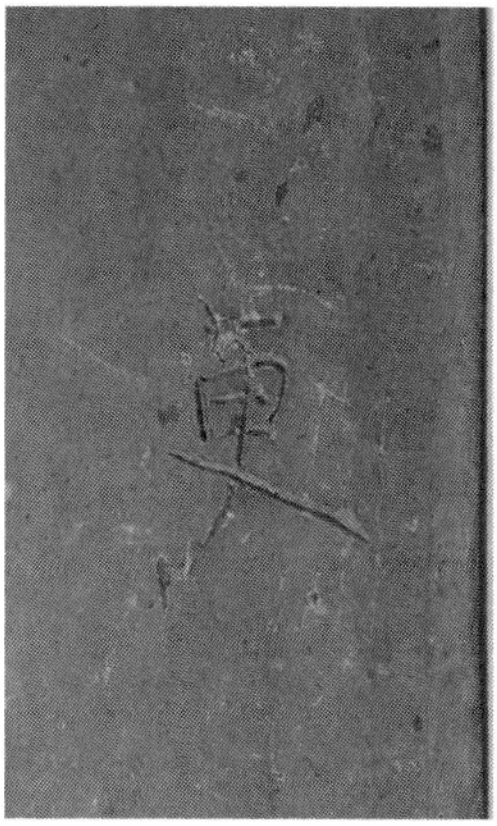

信濃国分寺跡から出土した
上：円面硯
中：文字瓦「伊」
下：文字瓦「更」
（提供：信濃国分寺資料館）

でいたのでしょうか。」との説明板の書き出しとともに、竪穴式住居が復元されていた。縄文遺跡や弥生遺跡で復元されている竪穴式住居と、ほとんど変わらない。この地域で発掘された遺構をもとに復元したという。山上憶良の「貧窮問答歌」を絵に描いたような外観だ。奈良時代＝仏教文化が花開いた煌《きら》びやかな時代というイメージがあるだけに、庶民の暮らしの質素さは意外だった。

竪穴式住居が点在する場所に出現した、堂々たる巨大伽藍。これは現在でいえば一般住宅街に、建築技術の粋を結集した超高層ビルが建ったのと変わらない。上田盆地の人々の仰天ぶりたるや、想像するに余りある。

山深き信州に突如として出現した信濃国分寺。なぜ？　と考えるとき、世界史との接点が見えてくる。

中華思想と対抗できる仏教

東アジアは古くから、中国王朝を盟主的存在として戴いており、周辺諸国は中国皇帝から王権を保証してもらうことで、自国支配権を維持していた。古代日本も長らく、中国皇帝に忠誠を誓う見返りとして王権を保証してもらっていた。弥生時代末期から古墳時代初期にかけて、邪馬台国の女王卑弥呼が、三国時代の魏王朝に使者を派遣し、「親魏倭王」に任じられたのはその一例だ。しかし、古代日本はヤマト政権の欽明朝期あたりから、中国王朝と比肩し得る道を模索し始める。

しかし、東アジアで中国王朝と肩を並べる存在になるのは、「中華思想」という障壁があった。これは自国＝世界の中心に位置する文化的国家、周辺国＝未開の野蛮国とする中国固有の価値観をいう。この中華思想の枠内に留まる限り、どんなに「お宅と対等な文明国！」と主張しても、鼻で笑われるだけだ。

東アジア世界で古代日本が、ゆるぎないアイデンティティを確立するのは、中華思想の土俵に乗らないことに加え、中華思想に勝るとも劣らないスケールの土俵を必要とした。このような状況でもたらされたのが、外来宗教としての仏教だった。

仏教は古代インド起源で中国とは無関係。この点において中華思想という土俵に乗らずに済む。東アジア世界のグローバルスタンダードな点で、スケールにおいても中華思想に対して遜色がない。これは東アジア最大の仏教国になることは、仏教という枠組内において中国王朝以上の存在になることを意味していた。裏を返せば、中華思想という枠組み内では周辺諸国に過ぎなくとも、仏教という枠組みで優位に立てば、中国王朝と比肩し得る存在感を発揮できるのだ。

国分寺建立に続いた大仏造立

7世紀中ごろの斉明女帝の御代、飛鳥の地に「須弥山《しゅみせん》」が盛んに作られた旨が、古代日本の公的歴史書『日本書紀』に記されている。これは仏教が説く「世界の中心に位置する高い山」のこと。仏教を介して「世界の中心は日本」と主張していることがよく分かろう。

聖武天皇による国分寺建立は通常、「政界の不安や疫病流行を仏法の力で克服しようとした」と説明されることがほとんどだ。確かに詔勅を出す以前、天然痘流行による藤原四子の死や、藤原広嗣の乱などが起こっている。

対して聖武天皇は国家鎮護の法を記した経典「金光明最勝王経」を諸国に配布した。仏法にすがったことは確かであり。その一環として国分寺建立を考えた可能性はある。

ただ、仏教による日本の世界中心化計画?の延長線上に国分寺建立があった可能性も否定できない。というのも、聖武天皇は「国分寺建立の詔」に続き、「大仏造立の詔」を出しているためだ。この詔を受けて奈良東大寺の大仏が造立された。

東アジア世界と信濃国分寺

天平勝宝4年(752)、諸国国分寺の総本山(国分尼寺総本山は法華寺)たる東大寺で、大仏の開眼供養が行われる。式典には皇位を娘に譲った聖武上皇、孝謙女帝ほか多数の官人に加えて、1万数千人もの仏僧(当時の仏僧は国家から選ばれた人々)が列席。インドの僧・菩提僊那を開眼導師に迎えたこの式典は、『続日本紀』が「仏教伝来後、これほど盛大な儀式はなかった」と記すほどであり、まさに東アジア最大の仏教イベントとなった。

必要以上に大がかりな点から推すに、国分寺建立とそれに続く大仏造立は、「仏教の枠組内では日本が世界の中心」であることを、内外にアピールする狙いがあった可能性もあろう。

推理の当否は別として、仏教が東アジアのグローバルスタンダードであった以上、明科廃寺や信濃国分寺など、信州内の初期仏教遺跡は、東アジア視点でとらえるのが妥当とはいえまいか。

信濃国分寺建立後、上田の地に仏教は確実に浸透したらしく、平安時代初期に成立した仏教説話集『日本霊異記』には、宝亀4年（773）と翌年のこととして、2人の豪族の仏教説話を採録している。1人は「他田舎人恵蝦夷」。今1人は「大伴連忍勝」。前者は「信濃国小県郡跡目の里の人」、後者は「信濃国小県郡嬢の里の人」。両人とも現在の上田市近辺を拠点とした豪族だった。

信濃国分寺は平安時代末には廃絶した。寺伝は「平将門の乱で焼失した」（同乱については後述）旨を伝えているが、大規模な焼失跡は検出されていないため、「律令制の衰亡によって機能停止に追い込まれた」との見方が、有力視されている。

なお、同市内国分1049には、廃絶した信濃国分寺の後継寺院として建立された、天台宗寺院の「八日堂信濃国分寺」が建つ。境内の三重塔は重要文化財に指定されており、「八日堂のお薬師さん」として、近隣住民から厚く信仰されている。

信州史×世界史

北東アジアの動乱と上田で暴れた平将門

「新皇」に即位した平将門

平安時代初期の承平5年（935年）年から天慶3年（940年）年にかけて、関東の豪族平将門が起こした争乱を「平将門の乱」と呼ぶ。先ず、この乱について説明したい。

乱は一族の所領争いに端を発したため。朝廷政府は当初、「あくまで一族内部の内輪もめ」として介入せず、平将門が釈明のため上洛した際も、処罰することはなかった。

朝廷政府の態度が変わったのは天慶2年（939年）年だ。一族間の所領争いを勝ち抜いて、関東の最大勢力となった平将門が、関東各地の国衙《こくが》（朝廷政府の地方統治機関）を襲撃し、「新皇」を称して独立の気配を見せたのだ。この割拠の動きを朝廷政府は「反逆」と断定し、討伐を決定した。

討伐軍の主戦力は平貞盛と藤原秀郷。前者は将門の従兄弟であり、後者は下野（栃木県）に割拠する有力豪族だ。秀郷は「俵藤太」という異名を持っており、室町時代成立の『俵藤太絵巻』には、琵琶湖畔の三上山に棲む大ムカデを弓矢で退治した豪傑として描かれている。

命運を決した風向きの変化

平将門と平貞盛・藤原秀郷は、天慶3年（940年）2月14日午後3時前後、現在の茨城県猿島郡北山で激突した。将門軍400、貞盛・秀郷連合軍3200。関東を制圧した将門軍の兵が少ないのは、春の訪れを控えて、農民兵たちを村に返していたためだ（旧暦2月14日は新暦3月25日に相当）。

先手をとったのは意外にも、数的に劣勢だった将門軍だった。優勢の決め手となったのは北風だ。じつはこの日、戦場には折から北風が吹きすさんでいた。百戦錬磨の将たる将門は兵力不足を補うため、追い風を利用して攻撃をかける作戦を立て、先手をとって風上となる北山に布陣していたのだ。

将門軍が風上だから、貞盛・秀郷連合軍は必然的に風下。当時の合戦は弓矢による射かけあいから始まるため、風上にたつことは絶対に有利だった。弓矢の射かけあいで有利になるや追い風に乗って突進し、貞盛・秀郷連合軍の陣に雪崩れ込む将門と将兵たち。この攻撃により貞盛・秀郷連合軍は総崩れに近い状態となり、2900人ほどの兵が逃亡。精鋭300ほどで何とか持ちこたえる有様だった。

ところが、平将門の勝利目前か?と思われたとき異変が起こる。北からの追い風がパタリと止み南風へと転じたのだ。ここぞとばかり風上から弓矢を射かける貞盛・秀郷連合軍。これに対し将門は向かい風をものともせず、突撃を続けるが、強い向かい風で立ち往生した瞬間、将門の額に矢が命中する。これにより将門は落馬し、首級をあげられてしまうのだ。将門の首は京都で晒され、乱は終結した。

上田で戦った将門と貞盛

この将門と貞盛。実は承平8年(938年)に上田で戦っている。戦い発端となったのは貞盛の上洛だ。貞盛は京の都で官職についていたが、父親の国香が将門に殺されて以降、京都から関東に戻っていた。しかし、争乱の巷に身を置き続けることに疑念を抱き、関東を離れることを決意。京都に向けて出発した。

これを聞いた将門は、貞盛が自分を陥れるため讒言《ざんげん》に及ぶと思いこみ、貞盛が京都に到る前に討ち取るべく、100騎あまりの兵を率いて出撃。2月29日、信濃国小県郡国分寺(上田市国分)あたりで追いついた。

戦いの様子について平安時代に成立した『将門記』は、「両軍は千曲川を挟んで合戦したが、一進一退の攻防となった。貞盛方では上兵の他田真樹が矢で射殺された。将門方の上兵文屋好立も射られたが、一命は取り留めた。これにより戦局は将門方に有利となったが、貞盛は何とか虎口を逃れて山中に逃げ込んだ。貞盛を討ちもらした将門は、何度も残念が

戦場となった尾野山孫台からの眺望

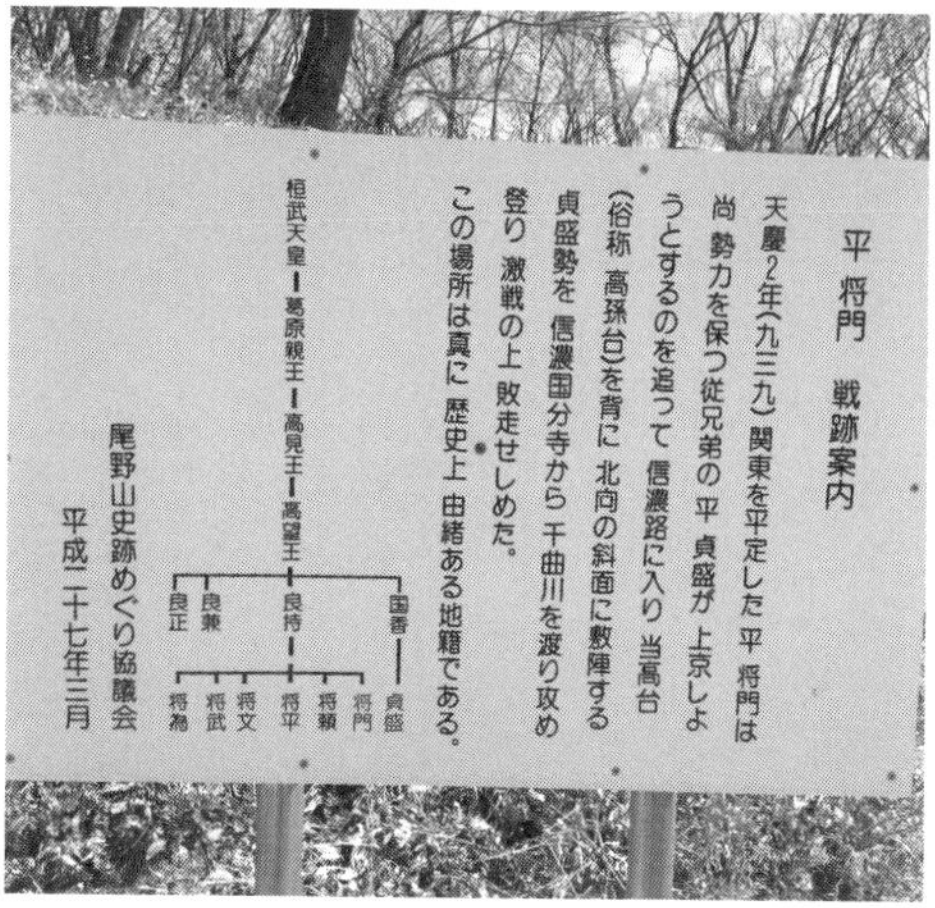
平将門　戦跡案内
天慶2年(九三九)関東を平定した平将門は
尚勢力を保つ従兄弟の平貞盛が上京しよ
うとするのを追って信濃路に入り当高台
(俗称 高孫台)を背に北向の斜面に敷陣する
貞盛勢を信濃国分寺から千曲川を渡り攻め
登り激戦の上敗走せしめた。
この場所は真に歴史上由緒ある地籍である。
桓武天皇－葛原親王－高見王－高望王
国香－貞盛
良持
将門
将頼
将平
将文
将武
将為
良兼
良正
尾野山史跡めぐり協議会
平成二十七年三月

孫台に立つ「平将門　戦場案内」板

りながら本拠へと帰った」と記している。

貞盛方の他田真樹は、平安時代初期に成立した仏教説話集『日本霊異記』に登場する、「他田舎人恵蝦夷　信濃国小県郡跡目の里の人」の流れを組む人物と推定される。将門方の文屋好立は天武天皇の末裔とされる人物であり、将門が「新皇」として即位した際、安房守に任じられている。

貞盛が逃げ込んだ山について、かつて丸子町（現在は上田市と合併し、上田市丸子）が編纂した『丸子町誌』は、尾野山と推定し、山中の孫台が戦場になったとしている。尾野山孫台を背に北方の斜面に布陣する貞盛勢に対し、千曲川を渡河した将門勢が強襲をかけ、これを敗走させたというのだ。

この尾野山は現在、上田市尾野山自治会によって管理がなされており、山内に点在する史跡を巡りつつ歩くための遊歩道が整備されている。孫台には「平将門戦跡案内」の看板が立てられている。

将門は耶律阿保機を意識？

将門が即位して「新皇」を称したのは、天慶2年（939年）12月のことだ。将門の弟・将平はその際、「我が国には前例がない」ことを理由に、兄に諫言した。これに対して将門は、「今の世は戦いに勝利した人を主君と仰ぐ。こういう事例は日本にはなくとも、海外には多い」としたうえで、「延長年中の大赦契王の如きは、正月一日を以て渤

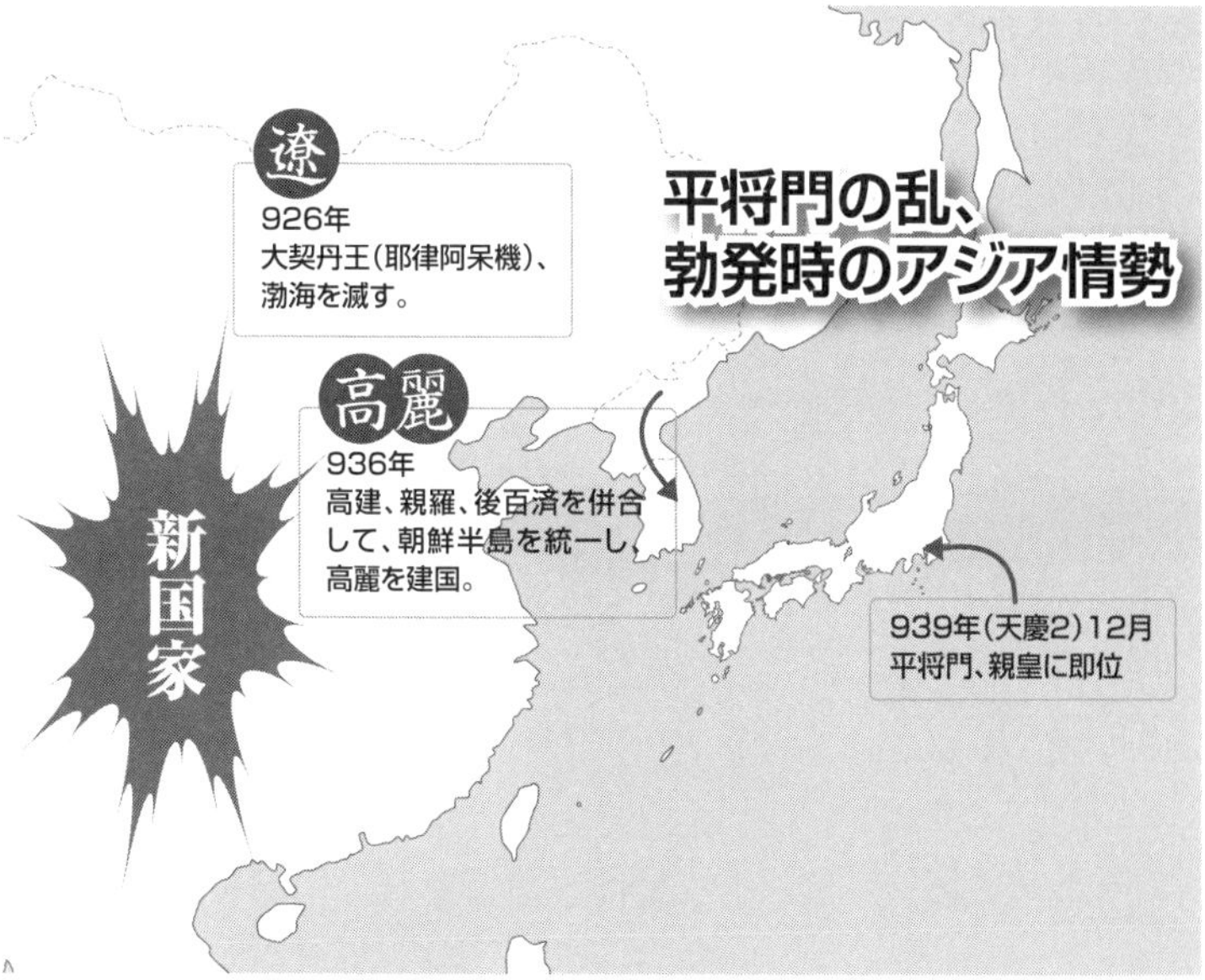
平将門の乱、
勃発時のアジア情勢
遼
926年
大契丹王（耶律阿呆機）、
渤海を滅す。
高麗
936年
高建、親羅、後百済を併合
して、朝鮮半島を統一し、
高麗を建国。
新国家
939年（天慶2）12月
平将門、親皇に即位

海国を討ち取りて、東丹国と改めて領掌せり。盍ぞ力を以て虜領せざらむや」

と応じたことが『将門記』に見える。

原文中の延長年間は９２３年から９３１年までをいう。「大赦契王」は誤記であり、「大契丹王」が正しい。この王は中国大陸の北方に東丹国、つまり大契丹国を建国した耶律阿保機《やりつあぼき》を指す。

契丹族は4～5世紀ころから、東部モンゴリアで遊牧・狩猟生活を送っていた、モンゴル系の部族だ。耶律阿保機は10世紀の初め、契丹の8部族を統合し、９１６年、皇帝として即位した。９２４年には西方への遠征を行って、支配圏を中国大陸内陸部まで拡げ、９２６年には渤海国（7世紀から10世紀の間、中国東北部東部からロシアの沿海地方、朝鮮半島北部を支配した国家。日本にもたびたび使者を派遣していた）を滅ぼし、同国の領土を自国の版図に組み入れた。

将門は大契丹国による渤海制圧を外国の事例としてあげ、「盍ぞ力を以て虜領せざらむや（どうして武力を以て制圧せずにいられようか）」と、自己の行為を正当化したのだ。

この一文に関し、「将門が外国の情報を知りえたはずがない」として、『将門記』作者の創作と見る向きもある。ただ、将門が耶律阿保機の覇業に言及した939年以前から、北東アジアが激動期にあったことは注意すべきだ。

907年、人民の大反乱が続いていた唐帝国が滅亡する。東アジアの要となっていた超大国が消滅したことで、この地域は大混乱に陥った。中国大陸では国家が林立する五代十国の時代に入り、この動乱に乗ずるかたちで、渤海を滅ぼした大契丹国が中国大陸に南下。937年、国号を中国風に遼と改めた、
朝鮮半島では、唐の威光のもと半島を統べていた新羅の統制力が落ち、群雄割拠の時代になった。この混乱は918年に建国された高麗が、935年に新羅を滅ぼして朝鮮半島を統一するまで続いた。

激動の北東アジアと連動したか？

激動の余波は日本列島にも押し寄せた。諸勢力の対立が続く朝鮮半島からは、援軍要請のため相次いで使者が来日。また、渤海国を滅ぼした大契丹国も、

延長7年（929年）に使者を日本に送ってきた。北東アジアの激動に巻き込まれたくない朝廷政府は、使者の申し出を黙殺して孤立主義を貫くも、国外の不穏な情勢が、国内に影響しないはずがない。

承平2年（932年）以降、瀬戸内海では海賊が激増し、伊予日振島（愛媛県宇和島市）を拠点に、1000余隻の大船団となった。東国では関東・東海で官舎が焼かれ、国衙を襲撃して国司を殺害する「凶党」が跋扈した。要するに将門の争乱は、単体で起こった訳ではなく、10世紀初頭に日本で起こっていた争乱のひとつだったのだ。

日本中世史の網野善彦氏はかつて、岩波書店刊行の『日本社会の歴史』中巻で、将門が耶律阿保機の覇業に言及したことに触れ、「将門は、渤海から東丹国へという北東アジアの王朝の交代を、自らの正当性の拠処にしており、このことから北東アジアの動乱と将門の動きの間になんらかの関係があったとする推測すら成り立ちうるといえよう」としている。

10世紀初頭に上田で暴れた平将門。その動きは網野氏の推測通り、北東アジアの激動と連動していたのかも知れない。

信州史×世界史

中世寺院が語る信州の国際性

塩田平は「信州の鎌倉」

「世界の太陽信仰と生島足島神社」の項でも触れた上田市塩田平は、「信州の鎌倉」と呼ばれている。同地がこの名称で呼ばれるのは、ここから武家の都・鎌倉に到る道があり、人や文化が直接鎌倉から伝わって花開き、多くの文化財と史跡が残っているためだ。

この塩田平と鎌倉を結ぶ道を作ったのが、塩田北条氏だ。塩田北条氏とは塩田平を拠点とした北条氏一族のこと。建治3年（1277年）、鎌倉幕府の連署（執権の補佐役）であった北条義政が、役職を辞したあと善光寺に参拝。帰途、塩田荘に入って屋敷を構えたのに始まる。以後、国時→俊時と代が継承され、元弘3年・正慶2年（1333年）に鎌倉幕府の滅亡に殉じた。

北条義政が塩田平に拠ったのは、同地が禅宗の一大拠点であったことによる。禅宗とはインドの達磨

塩田平（提供：上田市マルチメディア情報センター）

大師を祖とし、悟りに到る修行法として坐禅（座禅）を行う仏教宗派のこと。達磨大師によって南北朝時代（４３９年～５８９年）の中国に伝えられ、最新の仏教として多くの宗派に分かれて隆盛した。日本には鎌倉時代初期の建久２年（１１９１年）に栄西が臨済禅を、安貞元年（１２２７年）に道元が曹洞禅を伝えている。

結集した日本最先端の「智」

塩田平における禅宗の盛況ぶりを語るのは、「大明国師無関大和尚塔銘」だ。大明国師とは信州保科（現在の長野市）出身の名僧・無関普門《むかんふもん》を指す。幼くして仏門に入った普門は、厳しい修行を得て徳の高い禅僧となり、建長3年（１２５１年）南宋に留学。12年の修行を終えて帰国したのち、京都東福寺の住持をしていたところ、亀山法皇の帰依を受けて、京都南禅寺の開山となった。正応4年（１２９１年）に80歳で没し、朝廷から「大明国師」の称号を授与された。

この塔銘文のなかに、数年のあいだ塩田平で仏法を学んだことや、塩田平が当時、「信州の学海」であった旨が記されている。「学海」とは中国の古典中にある文言であり、川の水がすべて海に流れ込むように、学問を志す人が引きも切らず押し寄せることをいう。銘文中の「凡そ経論に渉るの学者、簦を担い、笈を負い、遠方より来って皆至る（およそ仏法を学ばんとする僧はみな、笠を被り、本箱を背負って遠方から塩田平に集まった）」との一文から、当時の塩田平の様子がほうふつとしてくる。鎌倉時代の塩田平はまさに、日本最先端の「智」が結集する場所だったのだ。

別所は中世の宗教特区

上田電鉄別所線の終点、別所温泉駅で電車を降りた。上田の奥座敷とも言われる静かないで湯だ。1400年の歴史があり、信州最古の温泉とされている。ご存じのようにこの地には、名刹・古刹が多い。これはどうも、「別所」という地名と関係があるようだ。

別所という地名は全国にある。史料によると、領主が存在しない未開発の地に新設された宗教施設で、租税や雑役などが免除される特権が付与された土地になるそうだ。この別所は第一線を離れた僧が隠棲しつつ、宗教活動に尽力して人々を教化した場所だ。現代的な言い方をすれば、「宗教特区」とでもなろうか。

この地が「別所」に選ばれたのは、信州最古の温泉地であったことと無縁ではなかろう。いで湯で厳しい修行の疲れを癒せる点、まさに理想的な「別所」だ。

駅を出てすぐの場所には、天台宗別格本山の北向観音と常楽寺がある。このうち北向観音は、厄除観音として有名で、平安時代初期の天長2年（825年）、比叡山延暦寺座主慈覚大師円仁により開創された。源平合戦の最中に焼失したが、鎌倉時代に入って伽藍が復興されている。

本堂は北を向いて建てられている。こういう事例

別所温泉駅（提供：上田市マルチメディア情報センター）

北向観音

は珍しく、ほとんど類例がないという。御本尊は千手観音。1000本の手でありとあらゆる衆生を救ってくれるとする仏様だ。

この北向観音と対で語られるのが、のちにも触れる長野市の善光寺だ。こちらの本堂は南向きに建てられている。北向観音が現生利益を願い、阿弥陀如来を祀る善光寺が極楽往生を願うことから、北向観音と善光寺の両方を参拝するのが良いとされる。

常楽寺はこの北向観音の本坊であり、北向観音と同じ年に建立された。

鎌倉と塩田平は禅の2大拠点

駅から長い坂を登って、信州最古の禅宗寺院安楽寺に着いた。鎌倉時代、鎌倉の建長寺と並ぶ格式を誇っていた古刹だ。寺伝は創建時期を奈良時代、開山を行基としている。

この寺院が歴史の表舞台に登場するのは、鎌倉時代に樵谷惟仙《しょうこくいせん》が住持となってからだ。この人は信州出身の臨済僧で、13世紀半ばに南宋に留学し、著名な禅僧・蘭渓道隆《らんけいどうりゅう》（鎌倉建長寺開山）来日の際、同じ船で日本に帰国した。両者は相当に親しい間柄だったらしく、蘭渓道隆の説法を収録した『大覚禅師語録』中には、樵谷惟仙が建長寺を訪れた際、

「建長と塩田は、各々一つの寺に拠っているが、それぞれ100人余、50人余の僧が集まって、仏法や禅道を学ばんと願っている」

「建長・塩田とも進むべき道は一つであり、それに向かって直行しなければならない」

「信心の厚みを知りたければ、塩田和尚に請いて学ぶが良い」

と紹介した旨が記されている。

安楽寺の2世住職・幼牛恵仁《ようぎゅうえにん》は南宋の僧で、樵谷惟仙が2度目の入宋より帰国する際、同じ船で来日した。

臨済宗寺院としての安楽寺は、塩田北条氏の庇護を得て栄えたが、室町時代以降衰退し、天正8年（1580年）ころ、曹洞宗通幻派の高山順京によって再興され、曹洞宗寺院となって現在に到っている。

中世塩田平の国際性と先進性

この寺院にある木造の三重八角塔は、純然たる「禅宗様」を今日に伝える仏塔だ。禅宗様といっても初耳の方もいると思うので、寺院建築について少々説明したい。

様とは寺院建築の様式であり、「和様」「大仏様」「禅宗様」「折衷様」の4種類がある。

最古の様式が和様で、飛鳥・奈良・平安の建築様式が、外来の密教や浄土教伝来の影響を受けつつ、日本化した様式をいう。

大仏様とは平安時代末期から、鎌倉時代初期に成立された様式だ。南宋帰りの重源《ちょうげん》が、源平争乱で焼

失した東大寺を復興する際、大陸の先進技術を改良して用いた
禅宗様は南宋から導入された様式で、折衷様は和様・大仏様・禅宗様を融合している。
禅宗様は4様式中、日本人による改変が一切入っていない点が特徴だ。つまり、常楽寺の三重八角塔は、中国の寺院建築様式がストレートに伝わっているのだ。

常楽寺八角三重塔
(提供:上田市マルチメディア情報センター)

三重八角塔の建立年代は鎌倉時代末期から、室町時代初期までのあいだと言われていたが、平成16年(2004年)の調査の結果、三重塔用材の伐採年代は、正應二年(1289年)になることが判明した。これにより少なくとも、鎌倉時代末の1290年代には建立されたことが確実となり、日本最古の禅宗様建築であることが確定した。

一見すると4重に見えるが、最下の初重の下にあるのは「裳階《もこし》」といって、ひさし又は霧よけの類だ。こういう形式の塔は類例がなく、非常に珍しい木造塔といえよう。同塔は全国で唯一の建築であるため、昭和27年(1952年)3月29日、文化財保護法の規定により、信州で最も早く国宝に指定された。

「信州の学海」と形容されるほど、中国伝来の禅宗

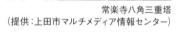

が学ばれ、渡来僧が住持をつとめ、中国からストレートに伝わった最古の禅宗様塔がある塩田平。中世、この地が如何に国際的かつ先進的であったか察しがつこう。

外国から来た善光寺御本尊

ところで、国際的であったのは塩田平の中世寺院だけではない。例えば、松本市浅間温泉にある御射《みさ》神社。神仏習合期には「浅間社」と呼ばれたこの大社では、正応5年(1292年)に鎌倉幕府による寺社興行が行われた際、渡来僧の円空が写経を奉納している。

中世の善光寺も国際色豊かだ。だいたいから善光寺の御本尊からして外国から来ている。平安時代に成立した『扶桑略記』所載の「善光寺縁起」は、御本尊の来歴を次のように記す。

「お釈迦様がまだご存命だった時代、インドの月蓋長者がお釈迦様の教え通りに、真西に向かって一心不乱に阿弥陀如来と観音・勢至の両菩薩を念じたところ、三尊が家の敷居の前に出現した。長者は直ちにお姿を書写し、書写した像を金銅で鋳造させた。長者の死後、仏像は飛来して朝鮮半島の百済国に到った。それから1000余年を経たあと、我が国の摂津(現在の大阪府北東部と兵庫県南部)に漂着された。今の善光寺の三尊像はまさに、この仏像なのだ」

独自の外交を行った善光寺

伝承はあくまで伝承であり、史実ではない。ただ、中世の信州にあって善光寺御本尊が、インド・朝鮮半島・日本という国際的枠組のなかで理解されていたことの証左にはなろう。実際、南北朝期の応安年間（1368年〜75年）に成立した『応安縁起』は、善光寺御本尊に関して、「天竺（インド）・百済（朝鮮半島）・日本の三国伝来」との旨が明記されている。

中世の善光寺が独自の外交を展開したのも、国際的感覚を有していたがゆえだろう。李氏朝鮮時代の歴史書『海東諸国紀』は、善光寺の別当（長官）で善峯なる僧が、対馬の宗氏を介して、自国に使者を

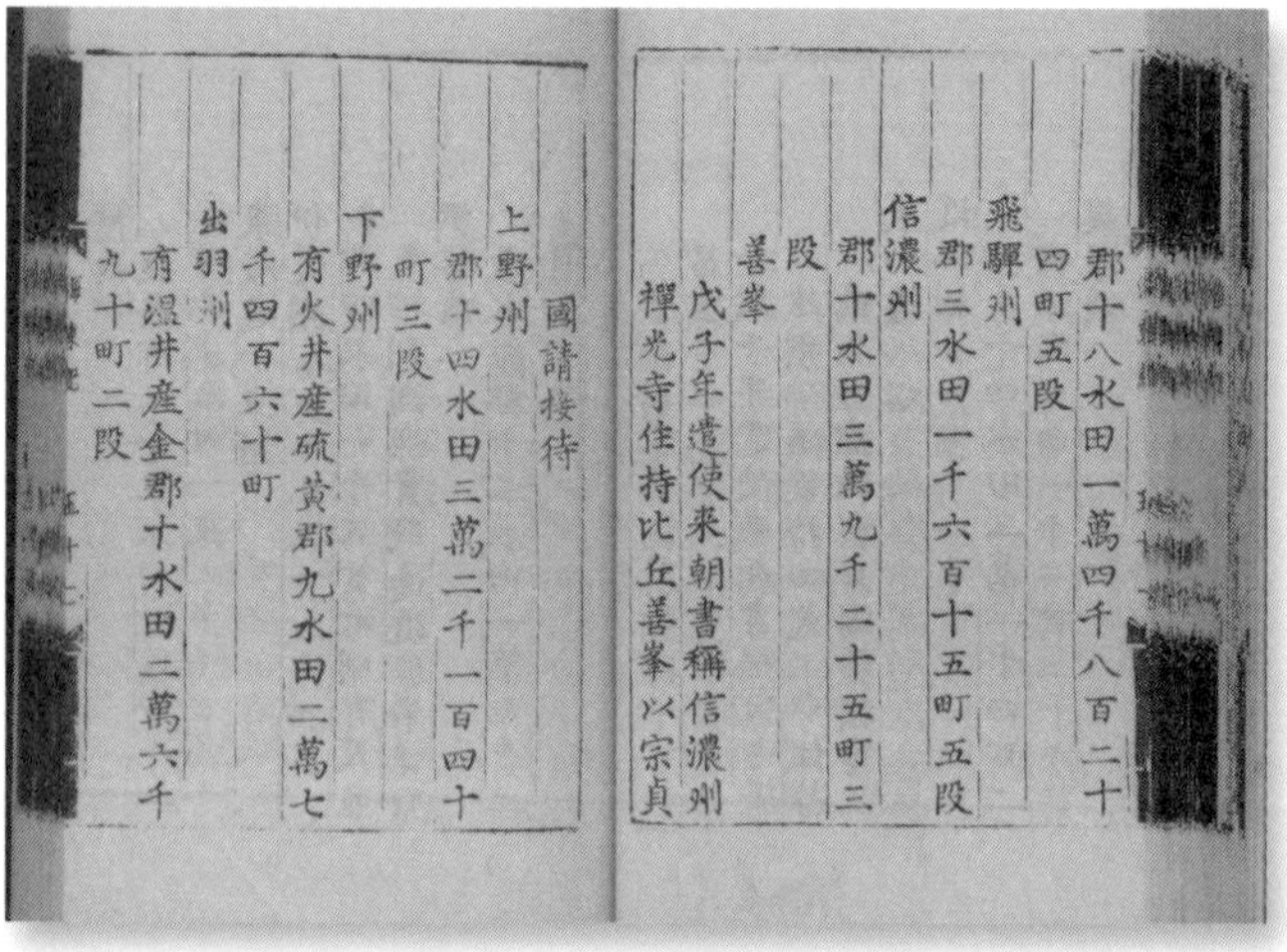
郡十八水田一萬四千八百二十
四町五段
飛驒州
郡三水田一千六百十五町五段
信濃州
郡十水田三萬九千二十五町三
段
善峯
戊子年遣使来朝書稱信濃州
禅光寺住持比丘善峯以宗貞

國諸接待
上野州
郡十四水田三萬二千一百四十
町三段
下野州
有火井産硫黄郡九水田二萬七
千四百六十町
出羽州
有温井産金郡十水田二萬六千
九十町二段

『海東諸国紀』に見られる「信濃州」の記述（国立国会図書館デジタルコレクションより）

派遣してきた旨を記している。朝鮮国では世祖の13年、日本では応仁2年（1468年）に当たる。

交渉の内容は記されていないため不明だが、善光寺から朝鮮側に貿易の申し込みが行われたか、実際に善光寺と朝鮮国とのあいだで、貿易活動が行われたものと推定される。

また、文明6年（1473年）には、信州出身の良心なる僧が、室町幕府が派遣した使節の一員として朝鮮半島にわたった際、「八処灸法」「神応経」なる医療技術を伝えて、非常に喜ばれたことが分かっている。

中世の信州は、仏教寺院を介して東アジア世界とつながっていたのだ。

信州史×世界史

中世温暖期と信濃武士の台頭

信濃武士と鎌倉幕府

武士とは平安時代、地方政治の乱れを受けて誕生した武装集団をいう。政治腐敗によって中央の統制が効かなくなると、地方の治安は極度に悪化。土地所有者は自衛力の強化を余儀なくされ、自身を含め一族郎党を武装させた。これが初期の武士団だ。武士団は集合離散を繰り返しつつ拡大し、各地に有力な武士団が存在するようになった。

信州にも複数の武士団が誕生し、国名を冠して「信濃武士」と総称されるようになった。この信濃武士がクローズアップされるのは、「保元の乱」においてだ。保元元年（1156年）に起こった同乱で信濃武士は、源義朝の配下として大活躍した。

以仁《もちひと》王の令旨をきっかけに、諸国の源氏が平家討伐の挙兵をした際も、源義仲（木曽義仲）を頂いて、平家を都落ちに追い込んだ。義仲が従兄弟の源頼朝と戦って敗死した際は、多くの信濃武士が枕を並べて討ち死にしている。義仲の死後、信濃武士たちは頼朝の支配下に入った。

建久元年（1190年）10月、頼朝は1000騎を率いて入京を果たす。『吾妻鏡』にはその折の随従者334名の名が記されており、地名と姓の関係から、このうち31名が信濃武士であることが分かる。全体1割近くだ。頼朝の信濃武士に対する評価のほどが分かろう。信濃武士は頼朝軍団の中核戦力であった。

木曽義仲（右）と巴御前の像（木曽町・義仲館前）

彼らも期待に応え、鎌倉幕府滅亡まで、御家人として忠節を尽くした。信濃武士こそは、日本初の武家政権樹立の立て役者と言っても差し支えなかろう。

信州に16ヵ所あった牧

複数の武士団が存在するなか、武家政権樹立時に、信濃武士団が台頭できたのは、信州内に多数の「牧」があったことによる。牧とは馬の放牧場のことだ。

馬は軍事力の強化はむろん、貴人のステイタスシンボルとして欠かせない存在のため、文武天皇4年（700年）、法律に基づく牧の設置が命じられた。平安時代、信州内に設けられた牧は16ヵ所。上野（群馬県）が9牧、甲斐（山梨県）が3牧、武蔵（東京都・埼玉県）が4牧であったから、古代の信州内に如何に多くの牧があったかが分かろう。

信州内の牧では「望月《もちづき》の牧」がとくに有名だ。この牧は現在の佐久市望月の地区を中心とし、東御市北御牧地区にまたがる一帯にあった。16牧のなかでは最も広く、平安時代から鎌倉時代まで約400年にわたって、朝廷に納める馬を飼育していた。

東御市教育委員会の説明によれば、この牧から朝廷に納める馬は、年20頭と決まっており、献上する馬1頭は、20～30頭から選んだという。このため牧には常時、600～700頭が飼育されていたそうだ。この地で育った馬は「望月の駒」と呼ばれ、駿馬として重宝されたという。

牧の跡地は現在、農耕地となっており昔を偲ぶよすがは皆無だ。ただ、馬の逃亡を防ぐために設けられた「野馬除《のまよけ》」の跡が、遺構としてところどころに

「望月の駒」の像（佐久市望月支所前）

残っている。周囲38キロメートル余りにわたって作られた施設で、断崖が自然の柵をなしている部分を除き、土手を築いて馬の逃亡を防いだという。

在地有力者の武士団化が進むと、この牧を管理する牧官たちも、同様に武士団化した。彼らは牧の運営に必要な領地や田を私物化し、牧の運営に携わる人々を郎党とし、武士団へと姿を変えていったのだ。

さて、武士が登場したあたりから、戦闘スタイルに変化が生じた。武士登場以前、戦闘は歩兵主体であった。しかし、武士登場後、騎馬戦が主体となり始めた。これは武装強化により、甲冑をまとうようになったのと関係がある。重い鎧を着て2本の足で走ったら、戦闘前に疲弊し、移動速度も遅くなる。これでは戦う前から負けだ。戦闘力強化のためにも、馬の使用は不可欠になった。

牧を拠点として信濃武士たちは、普段から馬に慣れ親しんでいたこともあり、馬術に関してはプロフェッショナル揃いだった。

この馬術とセットになったのが弓術だ。

『新猿楽記』は語る

『新猿楽記』という古書がある。成立は平安時代後期。作者は藤原明衡なる人物とされる。ここでは猿楽（芸能の一種）を見物にやってきた、右衛門尉の家族たちの職業が記されている。この右衛門尉はもちろん、家族たちも架空の人物だ。要は右衛門尉一家という

流鏑馬

架空の集団に仮託した、当世の職業紹介と言ってよい。

記されてる職業はじつに多様だ。商人、仏像彫刻師、陰陽師、巫女、相撲取り、大工、医師、坊主、ばくち打ち、絵師…。それらのなかに混じって右衛門尉の次女の亭主・勲藤次が、「天下第一の武者」とされている。

その理由については、以下の術の上手である旨が記されている。

○合戦：戦闘全般
○夜討：夜間戦闘
○馳射：馬を疾駆させつつ馬上から弓を射る
○待射：待ち伏せて弓を射る
○照射：夜間に松明を灯して弓を射る
○歩射：立った姿勢で弓を射る
○騎射：馬にまたがったまま弓を射る
○笠懸：馬を疾駆させつつ鏑矢で的を射る
○流鏑馬：馬を疾駆させつつ鏑矢で的を射る
○八的：馬を走らせつつ、馬上から八ヵ所の的を弓で射る
○三々九：儀式用の弓射
○手挟み：儀式用の弓射

12項目のうち10項目が、弓射に関することであり、このうち5項目が馬上からの弓射だ。この記述からは、平安時代後期の武士の理想像が見えてこよう。

有能な武士が育つ土壌があった

武士＝刀剣というイメージが強かったかたは意外に思われるかも知れないが、同じく平安時代後期に書かれた『今昔物語集』には、合戦における武器は弓矢、刀剣は男子の護身用の武器という旨が明記されている。

平安時代後期、武士として名実ともに認められるには、馬術と弓術のエキスパートであることが絶対条件だった。だからこそ、武道は「弓馬の道」と呼ばれ、武家は「弓矢取る身」「弓馬の家」と呼ばれたのだ。

山国の信州には鳥獣が多く、弓矢を用いての狩猟が古くから盛んだった。このため古代は弓の名産地として有名だった。代表的なのは梓弓だ。これは山野に自生する、カバノキ科の落葉高木を素材とした弓であり、大宝2年（702年）、甲斐から500張り、信濃から1200張りの梓弓が献上された旨を『延喜式』が記している。

16ヵ所設けられた牧と、古くから根づく弓矢の伝統。有能な武士が育つ土壌が、信州内にはすでにあったと考えられよう。信濃武士はなるべくして、日本初の武家政権の柱石となったのだ。

経済力を維持した背景

ところで、戦争は非常に金がかかる。これは古今東西変わらない。武器と軍需物資の調達、兵士の動員、兵站《へいたん》の維持…。莫大な費用と労力が必要だ。食うや食わずでは無理だろう。戦争をするには、「富んでいる」ことが絶対条件になる。この点を考えるとき、信濃武士の活躍時期が「中世温暖期」と重なっている点は、見過ごせない。

地球は誕生以来、温暖と寒冷のサイクルを繰り返しており、9世紀から13世紀にかけて、地球レベルで気温が上昇した。これを「中世温暖期」と呼ぶ。日本では平安時代初期から鎌倉時代中期までが相当する。

平安時代中期に書かれた『更級日記』は、中世温暖期を語る文字史料だ。菅原孝標《たかすえ》の娘の手になる同日記は、父親の任国であった上総《かずさ》（現在の千葉県中央部）から京に戻るところから始まる。この日記の「下つさの国にまのの長」の項に、かつて東京湾の海上交通などで財を築いた富豪の海辺の豪邸が、水中に没しつつある様子が記されている。これは温暖化によって氷河が溶け、海に流れ込んで海面が上昇して起こった現象だ。一般的には「平安海進」と呼ばれている。

この中世温暖期、高緯度のヨーロッパでは、安定した温かい気候による豊作、農地拡大、経済振興などによって人口が急増した。しかし、低緯度地域では、気温の上昇によって干ばつなどに苦しんだ。

復元された北半球の気温 2000年間の気温変化

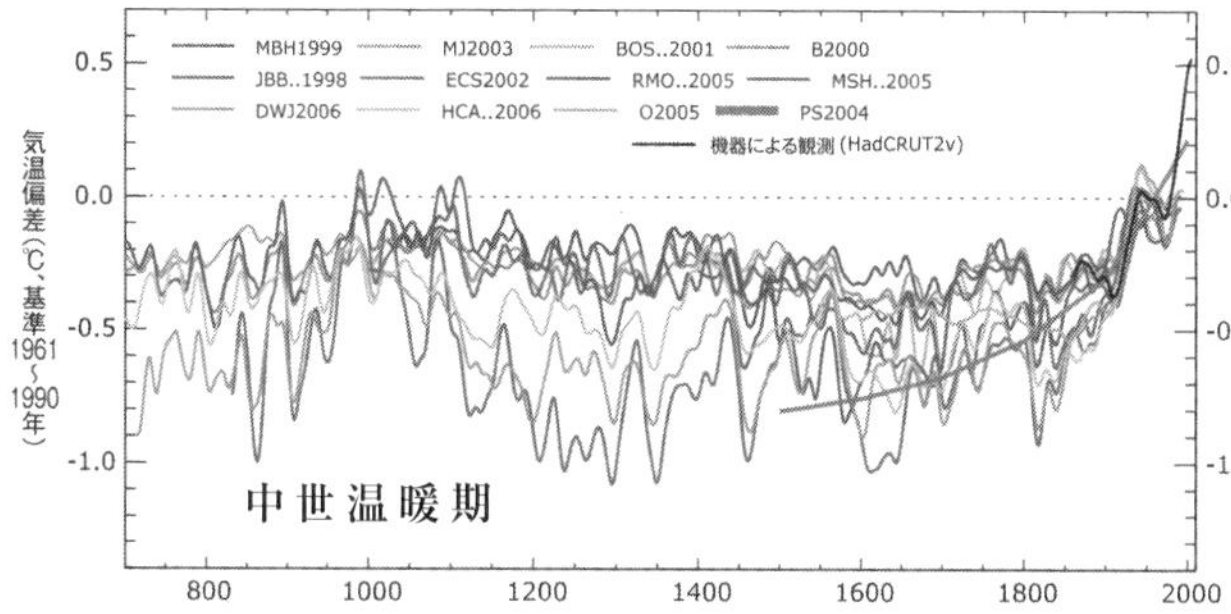

「IPCC第4次評価報告書 第1作業部技術要約」より

この差は日本列島でも現れた。低緯度側の西日本は気候が不安定になり、干ばつ、酷暑、大雨による洪水などが頻発。源平合戦の最中には凶作で苦しんだ。平家の敗北を考える際、この凶作は見逃せない。「腹が減っては戦ができぬ」状態だったのではなかろうか。

反対に高緯度側の東日本では、温暖な気候が農業生産を安定させ、経済的発展をもたらした。東北地方で奥州藤原氏が繁栄したのは、中世温暖期の影響と無縁ではなかろう。

信濃武士もこの恩恵に浴しただろう。だからこそ、保元の乱で戦い、源義仲を担いで戦い、鎌倉幕府の中核戦力となるだけの経済力を、維持することができたのだ。

中世における信濃武士の活躍を世界史視点で見ると、中世温暖期の影響がクローズアップされてくる。

信州史×世界史

川中島古戦場から見える世界史

北信濃に勢力を伸ばす武田信玄

長野駅から路線バスに乗り、約20分で市内小島田町にある「川中島古戦場史跡公園」に到着した。武田信玄と上杉謙信による「川中島の合戦」の跡地だ。園内には1万2000平方メートルの築山状芝生広場のほか、かやぶき屋根の四阿《あずまや》、水面をたたえた池、自然石を配した小川などがあり、史跡公園のイメージに花を添えている。公園のある場所は、かつて「八幡原」と呼ばれていた。公園も以前は「八幡原史跡公園」と呼ばれていたが、平成29年（2017年）7月以降、現在の名称となった。

両雄はなぜ、この八幡原で激突したのか？　川中島の合戦の経緯を追ってみよう。

甲斐（現在の山梨県）の国主となった信玄は、版図拡大のため信濃に食指を伸ばし始める。甲斐に近い諏訪地域を手中に収めると、信玄は東信地域に侵攻。村上義清ら東信濃の武将と激闘を繰り返し、謀略も駆使して東信濃を掌握。次いで北信濃を目指した。

北信濃に武田方の勢力が及ぶと、越後（現在の新潟県）を統べる謙信は、信玄との対決に向けて動き始める。国を追われた信濃の豪族衆の救援要請に応じたのに加え、北信濃を武田方に掌握されることが、自国の安全保障上、重大な懸念を含んでいたためだ。

川中島古戦場史跡公園の様子

係争地となったのは、信玄が確固たる勢力基盤を築いていない川中島四郡。謙信と信玄は天文22年（1553年）、弘治元年（1555年）、弘治3年（1557年）と3度同地で対峙するも、小競り合いに終始した。

このあと信玄は善光寺平に海津城を築き、合戦上手の春日虎綱（香坂虎綱とも。かつて高坂弾正昌信の名で知られていた武将）を城代として入れた。北信濃掌握に本腰を入れるための前線基地だ。

妻女山を動かない謙信

危機感を強めた謙信は、永禄4年（1561年）8月14日、1万3000の軍勢を率いて春日山城を進発。5000を後方支援に残し、海津城の西南にある妻女山に布陣した。海津城を攻める気配を見せることで、信玄をおびき寄せる作戦だ。「信玄は大急ぎで来るから、最短距離の地蔵峠を降るはず。そこを討つ」と目論んでいたが、2万の兵を率いて甲府を進発した信玄は、謙信の罠にははまらない。千曲川沿いに遠く西へ迂回し、スルッと平地に出て布陣した。

　退路と糧道を絶たれて焦る越後兵。しかし、謙信は日が経つに連れ食料が欠しくなっても、一向に慌てる様子がない。得意の琵琶を奏で、鼓を打ち、まさに音無しの構えだ。

　動こうとしない謙信を前にして信玄は、海津城に入った。わざと退路を開けることで、越後に帰還しようとする謙信を横から攻撃する作戦だ。それでも

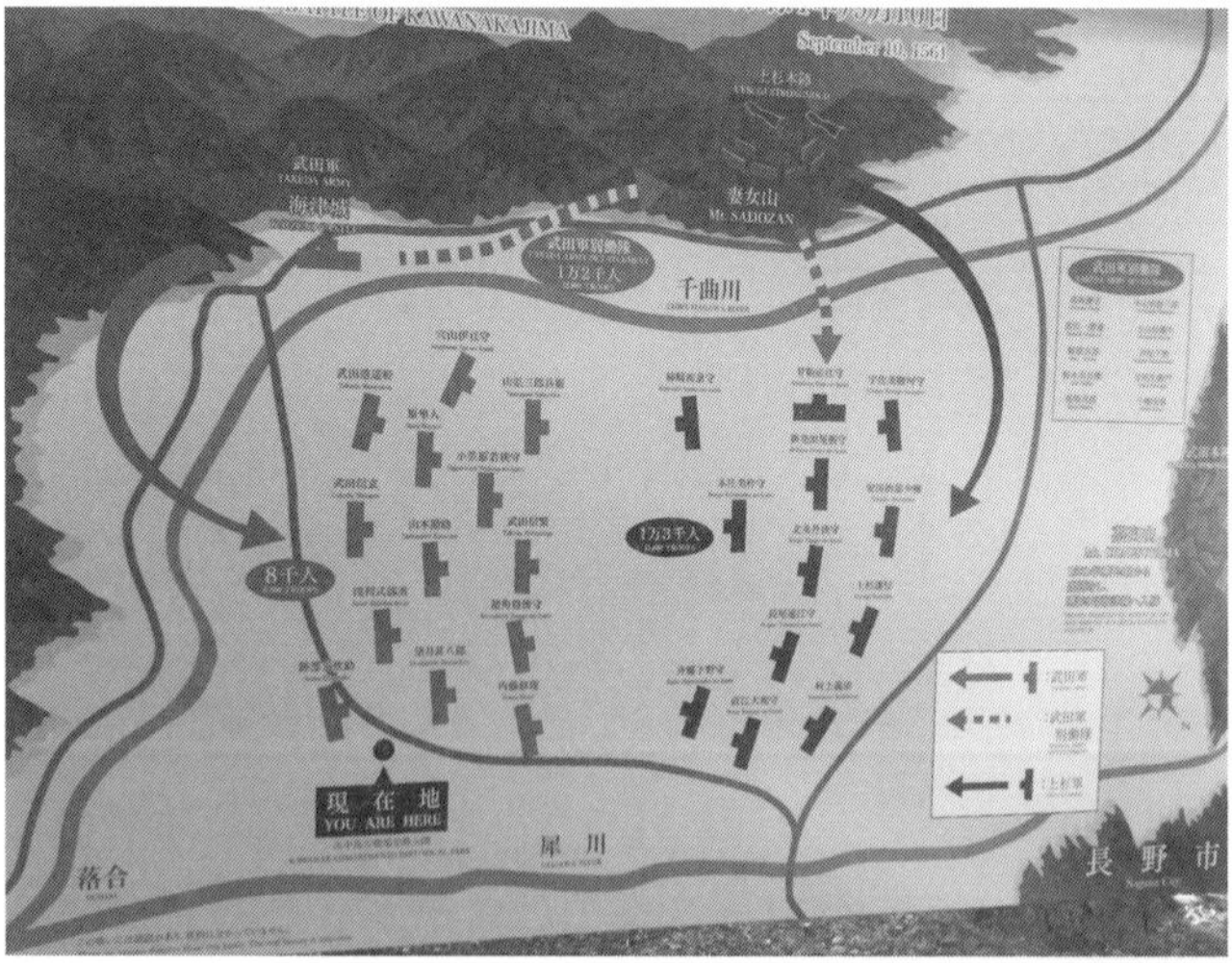

川中島大合戦の両軍布陣図
（川中島古戦場史跡公園内）

謙信は動かない。

ここで信玄は「啄木鳥戦法」に出る。啄木鳥が木をくちばしで突いて、木のなかにいる虫を脅かし、出てきたところを捕食するのと同様、上杉軍の後方を別動隊に衝かせ、山を下りてきた同軍を平地で迎撃、敵を追ってくる別動隊と挟撃しようと考えたのだ。

9月9日夜、別動隊は海津城を進発する。総勢1万2000。同夜、信玄も8000の兵を率いて海津城を出、八幡原に布陣をした。夜明け前の濃い霧が立ち込めるなか、上杉軍が妻女山から追われてくるのを待つ信玄。しかし、霧の晴れ間に姿を現したのは、陣を敷き、今にも仕掛けんとする上杉軍の姿であった。

北信濃を巡る抗争は12年

実は謙信は前夜、海津城から盛んに炊煙が上がるのを見て信玄の意図を見抜き、武田別動隊到着前に、先手を打って山を下りていたのだ。信玄はこれを見ても動揺せず、陣構えを鶴が翼を広げた形状の「鶴翼」に変更。円形の陣を組んで突撃してくる上杉軍を迎撃した。

朝6時ころに始まった戦いは、最初は上杉軍が有利であったが、午前11時ころに形勢が逆転した。妻女山に迂回した武田別動隊が、上杉方の防御を突破し、八幡原に到着したのだ。これにより上杉軍は戦場離脱を余儀なくされてしまう。

戦死者は武田方4000余、上杉方3400余と伝えられる。勝敗に関しては合戦後に両軍とも「我が方の勝利」と宣言している。後世も「武田方の勝利」「上杉方の勝利」「痛み分け」などの論評があって定説はない。このあと永禄7年（1546年）にも両軍は対峙するが、戦闘もないままに両将とも陣を引いた。

武田信玄と上杉謙信は、ともに天下を狙える器であった。この両名将が京から遠い北信濃を巡って12年ものあいだ抗争を続け、釘付けになっていたことは、天下の動向を左右するできごとであったと言って良かろう。

両雄の一騎打ちは史実？

八幡原で武田・上杉両軍の主力が激突した第4次川中島の合戦を巡っては、「武田信玄と上杉謙信の一騎打ちが行われた」との説があり、川中島古戦場史跡公園内にも、この説をモチーフとした銅像がある。謙信が馬上から太刀で斬りつけるのに対し、信玄がこれを軍配に受けるという構図だ。これは『甲陽軍鑑』が記す描写を可視化したものであり、一騎打ちのなかでは最もポピュラーだ。

ちなみに、紀州徳川家で軍学を講じた宇佐美定祐が、謙信の事績を中心にまとめた『北越軍記』では、馬上にある謙信と信玄の両者が、太刀を手に1対1

武田信玄（左）と上杉謙信の一騎打ちの像

の斬り合いを演じた構図になっている。

構図の善し悪しはさておき、この一騎打ちは昔から、フィクションと考えられてきた。大将の生き死には合戦の帰趨を制する。どんなに押していても、大将が討たれた時点で敗戦なのだ。リスクを犯して一騎打ちをするはずがない、というのが大方の意見になる。だが、少数派ながら「史実」とする見方もある。

古戦史研究の第一人者海上知明氏は、原書房刊行の『戦略で分析する古戦史【川中島合戦】』中で史実である旨を述べている。

海上氏が注目するのは、上杉軍がしばしば「丸備《まるぞなえ》」、つまり、円陣を多用していた点だ。『甲陽軍鑑』中にある「車懸りの陣」を円陣と推定し、上杉軍が戦力を信玄のいる武田軍本陣に集中させた際、両軍の旗本同士による戦闘が起こり、この動きのなかで謙信が信玄に斬りつけたとの論を展開している。

武田方が鶴翼の陣だから、陣形は鶴が翼を広げた「︶」というかたちになる、この陣に対し上杉方が「〇」の陣で突っ込んだ訳だ。「︶」の真ん中には信玄、「〇」の真ん中には謙信がいる。戦術眼に優れた謙信のこと、いたずらに時間を費やせば武田別動隊に背後を襲われ、挟撃されることは百も承知だったはずだ。

謙信としては戦場から離脱しつつ、最速で武田軍本陣を打ち破る必要があった。ならば全軍が一丸となって、武田軍本陣に突撃をかけるのは戦術的にも理にかなっている。海上氏の指摘はあり得る話だ。

ヨーロッパと接触した日本

さて、謙信・信玄が川中島の合戦を行った時代を私たちは、「戦国時代」という名称で呼んでいる。時代名から、戦争ばかりしていたと思いがちだが。そんな単純な時代ではなかった。交通網の整備、城下町の誕生、各種産業の振興、近世城郭の誕生…。

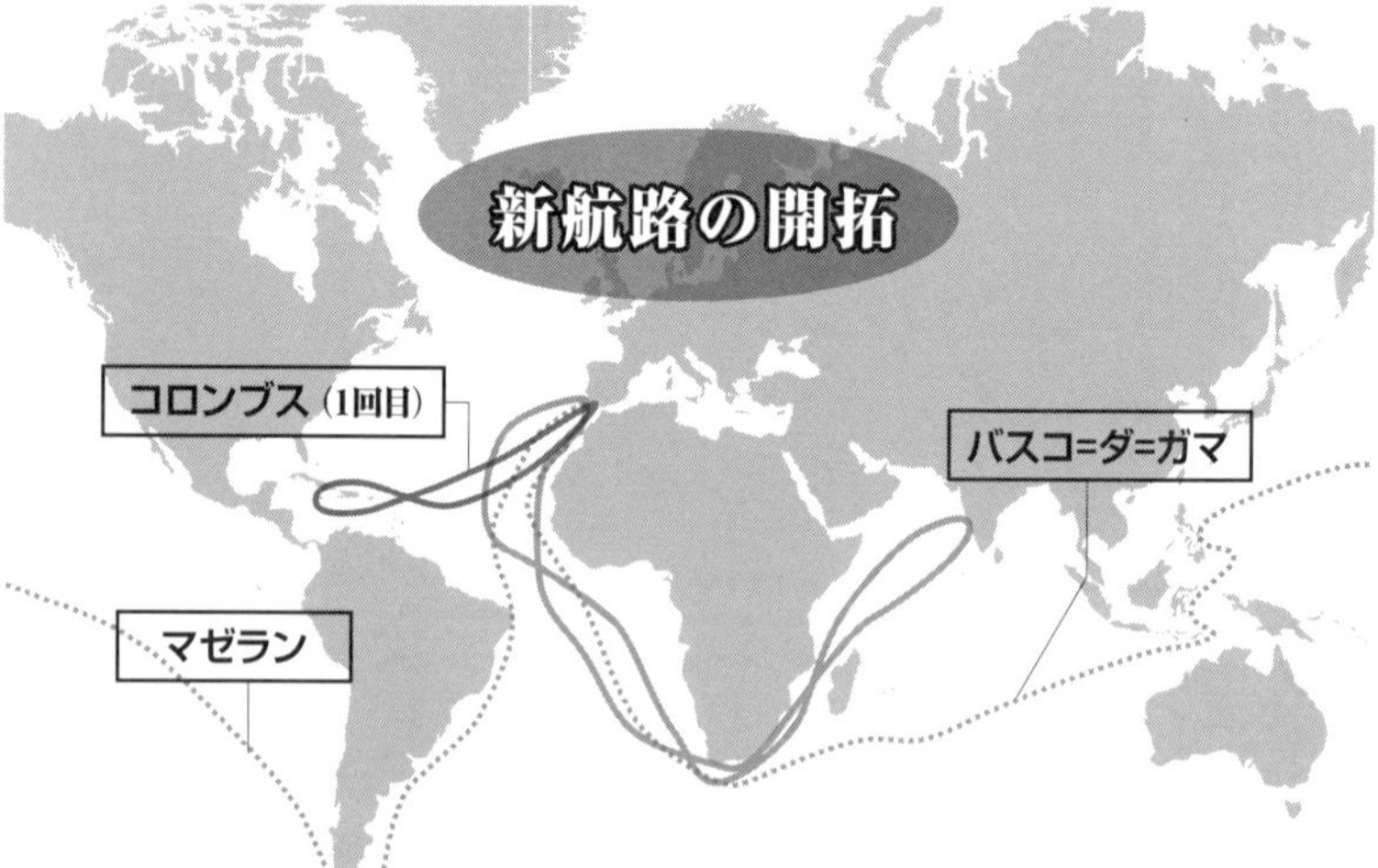

日本列島の各所で大々的な変革がなされた、イノベーションの時代であった。また、日本が初めてヨーロッパと接した時代でもあった。

15世紀中期から17世紀中期にかけてのヨーロッパの人々は、大型帆船を駆って大洋へと乗り出し、東洋世界への進出を開始する。目的はアナトリア半島から西アジアを支配するイスラーム勢力を介さず、アジア世界と直接交易をするためだ。この時期を日本では、ヨーロッパの歴史的転換期と位置付ける意味で特別に「大航海時代」と呼んでいる。

最初に進出したのはポルトガルだ。エンリケ航海王子主導のもと、王室をあげて航海事業に取り組んだ同国は、大西洋をアフリカ大陸西岸沿いに南下→喜望峰→インド洋航路開拓→インド到達→東南アジアという経路で東洋世界に姿を現した。

これに続いたのがスペインだ。コロンブスの「大西洋を横断して西廻りでアジアに到達する」との案を採用し、新大陸（南北アメリカ大陸）を経て、マゼラン海峡通過→太平洋横断というかたちで東洋世界に到った。これにイギリス、フランス、オランダが追随。西洋世界と東洋世界は交わりのなかで、戦国期の日本に鉄砲が伝来するのだ。

鉄砲伝来年に関しては、ことの顛末を記した『鉄炮記』を典拠に「天文12年（１５４２年）種子島に漂着した中国船に乗りこんでいたポルトガル人によってもたらされた」との説が一般的であるが、ヨーロッパ側の史料や新たに発見された『島津貴久記』『歴代鎮西記』の記述から、天文11年（１５４２年）とする説が、近年では有力視されている。

鉄砲で世界とつながる川中島の合戦

日本国内で最初に鉄砲の模作と量産化に成功したのは、伝来地の種子島だ。島主・種子島時堯《ときたか》はポルトガル人の携えていた2挺の鉄砲を購入。刀鍛冶の八板金兵衛が苦心惨憺の末に模作に成功すると、島内で算出する良質な砂鉄を原料に量産化を開始。これらは「種子島筒」「南蛮筒」の名称で南九州一帯に拡散。九州各地で製造が始まった。

伝来の翌年には、畿内にも鉄砲製造法が伝わり、摂津国（現在の大阪府北中部から兵庫県南東部）の堺や、近江国（現在の滋賀県）の国友村などが有力な鉄砲生産地となった。鉄砲の製造法は折からの合戦特需を反映して各地に伝播。時代の進展とともに鉄砲保有数は本家ヨーロッパをしのぐほどとなり、戦国日本は世界一の軍事大国へと変貌するのだ。

昭和初期刊行の『越佐史料』から、第4次川中島の合戦時の上杉・武田双方の武器構成比率が分かる。上杉軍は槍65パーセント、鉄砲6パーセント、騎馬10パーセント。武田軍は槍46パーセント、鉄砲10パーセント、弓6パーセントとなっている。

合戦が行われたのが永禄4年（1561年）、鉄砲の伝来が天文11年（1542年）。両軍とも鉄砲の占める割合が少ないが、伝来19年目である点を考えれば、妥当なパーセンテージといえよう。むしろ京阪神に比べて後進的な甲斐・越後で、鉄砲を保有できた点こそ特記されて良い。

川中島の合戦は上杉・武田の両軍が、相応の鉄砲を保有していたという点において、ヨーロッパ人の東洋進出という世界史上のできごととつながっているのだ。

第3章

近世の信州と世界のかかわり

信州史×世界史

北国街道の牟礼に残る金銀貿易の痕跡

金銀輸送ルートだった北国街道

上水内郡飯綱町牟礼は江戸時代、北国街道宿場町として栄えた。同街道は中山道の追分宿（北佐久郡軽井沢町）から分かれ、現在の上田市→千曲市屋代→善光寺→牟礼などの宿を経て新潟県に入り、直江津に到って北陸街道に変わる道をいう。牟礼宿は加賀金沢（現在の石川県金沢市）と江戸の中間地点に当たるため「江金の中道」と呼ばれ、物流の中継地点としての役割を果たした。

北国街道は地形が険しくなく、治安も行き届いているため、佐渡金山で産出された金銀を江戸に運ぶ輸送路としても使われた。

佐渡金山とは、新潟県佐渡島にある金鉱山・銀鉱山の総称だ。平安時代に成立した『今昔物語集』の巻26第15話に、「能登の国の鉄を掘る者、佐渡の国に行きて金を掘る語」との説話が採録されており、平安時代には個人による採掘が行われていた。

佐渡が上杉氏の支配下に入ると、採掘が組織的に行われるようになり。徳川幕府が所有して以降、採掘の規模が拡大し、幕府の貴重な財源となった。江戸時代初期から中期にかけ、佐渡金山は金銀の産出量において世界最大の金山であり、これを運ぶ北国街道はまさに、「金銀の道」であった。

北国街道の牟礼宿周辺の様子

　金銀の採掘は何も佐渡金山に限ったことではない。日本は昔から、金銀の国として海外に知られていた。日本に関する最も古い海外の記録は、9世紀のイスラム帝国アッバス朝に仕えた、地理学者にして官僚のイブン・フルダーズベの手になる『諸道と諸国の書』だ。比較文化学者の杉田英明氏が、東京大学出版会刊行の『日本人の中東発見』に訳文を掲載しているので引用してみよう。

「シナの東方にはワークワークの国がある。黄金に富むため、その住民は犬の鎖や頸輪までに黄金を使い、黄金で織った衣服を持ってきて売るのである」

ワークワークという呼称は日本が古く、「倭国」と呼ばれたことに起因しよう。

この日本=黄金の国というイメージを決定づけたのが、マルコ・ポーロが記した『東方見聞録』だ。

黄金の国ジパング

マルコ・ポーロは13世紀後半から、14世紀初頭にかけての人。イタリアのベネチアから中国大陸の元帝国に到り、皇帝フビライ・ハーンに17年間仕え、帰国後、自身の見聞を口述筆記のかたちで書物にまとめた。書物の正式名称は『世界の記述』だが、一般的には『東方見聞録』と呼ばれている。

日本については、「ジパングは、東の方、大陸から1500マイルの大洋中にある、とても大きな島である」という書き出しで触れており、莫大な量の黄金を産出する「黄金の国」として紹介した。

同書が刊行されると、黄金国ジパングの伝説はヨーロッパ中に広まった。これによりアジア世界の富が注目を集め、ヨーロッパ人が大型帆船を駆って東洋世界に進出する、大航海時代が到来するのだ。

『東方見聞録』刊行当初は、ジパング=東方にある黄金の国という漠然とした認識しかなかったが、16世紀に入るとヨーロッパ人は、明確に日本=ジパングと認識したらしく、メルカトルが刊行した『世界図』のなかに、「昔のクリーセ（金島）で、ベネチア人マルコ・ポーロによって、ジハングと名付けられた日本」と注釈がついている。曖昧模糊としたイメージが現実化したのは、日本が本当に「黄金の国」

郵便はがき

料金受取人払郵便

長野中央局
承　認

1392

差出有効期限
2023年9月30
日まで

切手不要

3808790

044

長野市南県町六五七

信濃毎日新聞社

出版部行

あなたの お名まえ	男・女
〒 ご住所	TEL＿＿（　）＿＿
学校名学年 または職業	
	年齢　　歳
ご購読の新聞・雑誌名（　　）	

愛読者カード

このたびは小社の本をお求めいただきありがとうございました。お手数ですが、今後の参考にさせていただきますので、下記の項目についてお知らせください。

〔書　名〕

◆ 本書についてのご感想・ご意見、刊行を希望される書物等についてお書きください。

◇ この本を何でお知りになりましたか。
1．信濃毎日新聞の広告
2．書店・売店で見て　　3．人にすすめられて
4．書評・紹介記事を見て（新聞・雑誌名　　　　　　　　　）
5．インターネットで見て（サイト名　　　　　　　　　）

◇ ご感想は小社ホームページ・広告に匿名で掲載することがあります。

購入申込書

このハガキは、小社刊行物のご注文にご利用ください。

ご注文の本は、宅配便あるいはメール便でお届けします。

（送料は別。代金引換の場合は別途手数料も必要です）

長野県内にお住まいで信濃毎日新聞をご購読の方は、信毎販売店からのお届けもできます（送料無料）。

ご注文内容確認のため、お電話させていただく場合があります。

個人情報は発送事務以外に利用することはありません。

書　名	定　価	部 数

https://shinmai-books.com　E-mail shuppanbu@shinmai.co.jp

となったためだ。

金山・銀山争奪の戦国時代

15世紀末期から日本は、群雄割拠の戦国時代に入っていた。各地の武装勢力が、近隣諸国を侵略しあう時代だ。軍勢を動かすには、相応の軍資金が必要になる。金山・銀山は有力な資金源であり、戦国大名の多くが金山・銀山経営に意を尽くし、また、他国を侵略して金山・銀山を奪い取った。

甲斐（山梨県）の武田信玄は、この金銀山開発と奪取を最も派手に行った。信玄の領国は山国のため耕地面積が狭く、生産性が今ひとつだ。税収は大きな財源だが、厳しすぎると民が疲弊してしまう。それでも信玄は絶え間ない軍事行動によって版図を拡大。最終的には、現在の甲信地域全域、群馬県西部、静岡県中部・北東部、愛知県・岐阜県・富山県の各一部を勢力下に組み込んだ。

信玄が不利な条件下にも関わらず、度重なる軍事行動が可能だったのは、甲斐領内に黒川山、芳山、黒桂山、御座石などの金山が、さらに信州諏訪郡の青柳、南佐久郡の端下、駿河（現在の静岡県中央部から北東部）の富士金山・井川金山など、他国から奪った金山があったためだ。

東が武田信玄なら、西では石見（現在の島根県西部）の石見銀山（大森銀山とも）の争奪戦が際立つ。同銀山は鎌倉時代末期、大内氏によって開発された。

銀山の守りは厳重を極め、戦国期には銀山城・矢滝城を築造して警戒に当たっている。

天文20年（1551年）、大内氏が家臣・陶晴賢《すえはるかた》の謀反で滅び、弘治元年（1555年）に陶氏が毛利元就によって滅ぼされると、石見銀山は山陽の毛利氏と山陰の尼子氏の係争地となり、争奪戦が延々と繰り返された。尼子晴久存命中は尼子氏が所有していたが、晴久死後、毛利氏がこれを支配している。

膨大な日本産の銀が世界経済を動かした

この石見銀山は「灰吹法」を最初に取り入れた銀山だ。これは朝鮮半島経由で日本に伝えられた金銀精錬の最新技術であり、銀鉱石・鉛・灰を混ぜて鉄なべで溶かし、純度の高い銀を得ることができた。

この精錬法は石見銀山で導入されたのを皮切りに、生野銀山、佐渡の金銀山、甲斐の金銀山など諸国の金山・銀山で行われ、日本の金銀採取量の飛躍的増加をもたらした。これが頂点に達したのが豊臣秀吉の時代で、その有様は太田牛一の記した『太閤さま軍記のうち』に、「太閤秀吉公御出世より此かた、日本国々に、金銀山野にわきいで…」と記されている。

金銀は南蛮貿易の決済にも使用されたため、貿易進展に伴い多くの日本産金銀がヨーロッパに渡った。南シナ海には船に積まれた日本産の金銀を狙う海賊が横行し、アジアやヨーロッパの経済は、日本

16世紀の銀の交易ルート

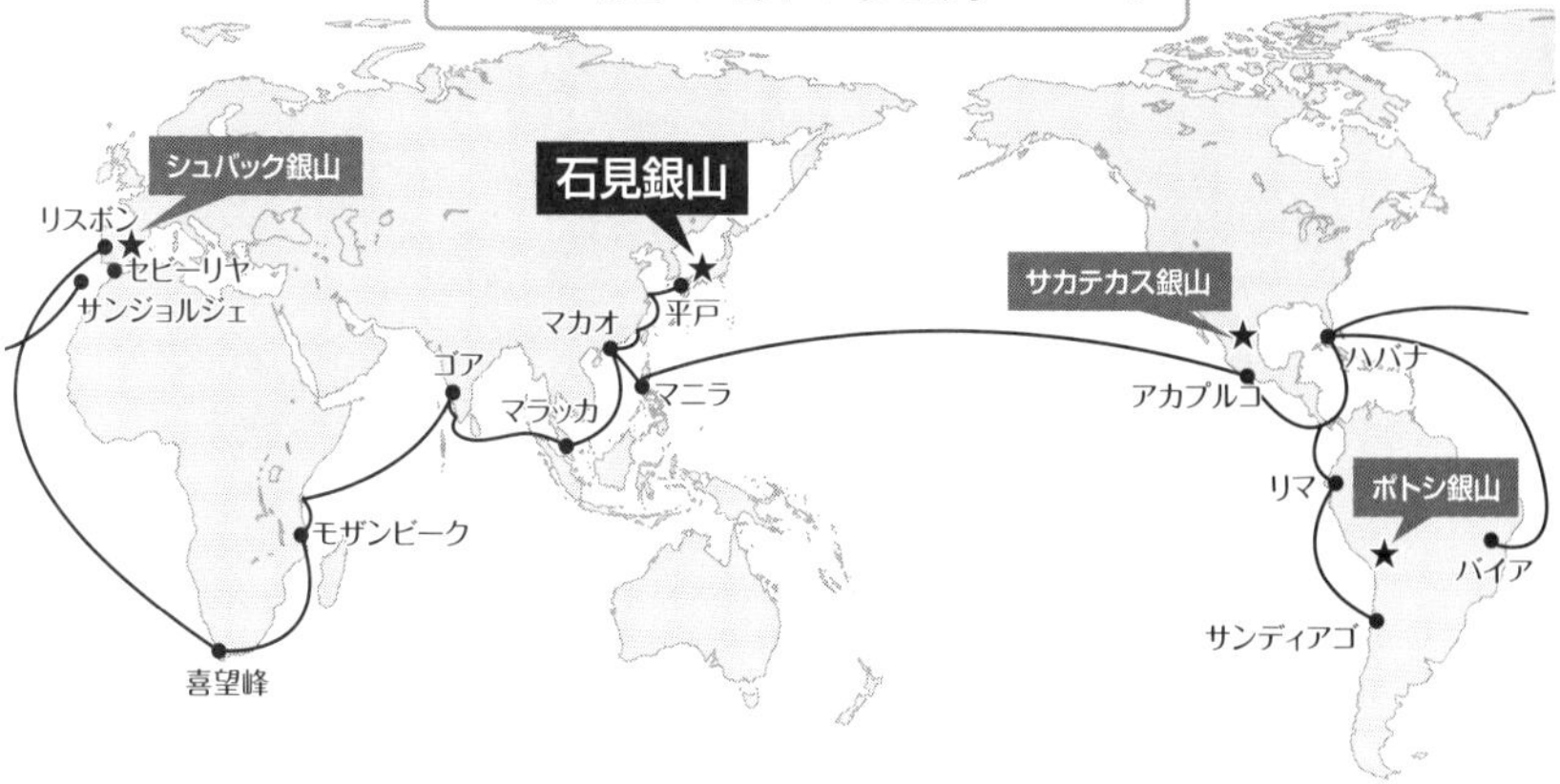

金銀の動向に大きく左右された。ことに銀の量は膨大であり、16世紀末から17世紀初頭にかけて、世界の銀流通量の3分の1を日本産銀が占めていた。誇張ではなくこの時期、日本は世界経済を動かしていたのだ。

1561年にポルトガルの首都リスボンで作成された地図には、石見あたりにポルトガル語で「ミナス・デ・プラタ（銀鉱山）」と記されている。また、スペイン人が日本列島のことを「プラタレアス群島（銀の島）」と呼んでいたことが、フランシスコ・ザビエルが来日直後、友人のポルトガル人神父に宛てた書簡から分かる。当時における日本産銀の影響力の大きさのほどが察せられよう。

江戸時代になってもこの状況は変わらず、大量にあるとはいえ、有限な金銀を日本は惜しげもなく

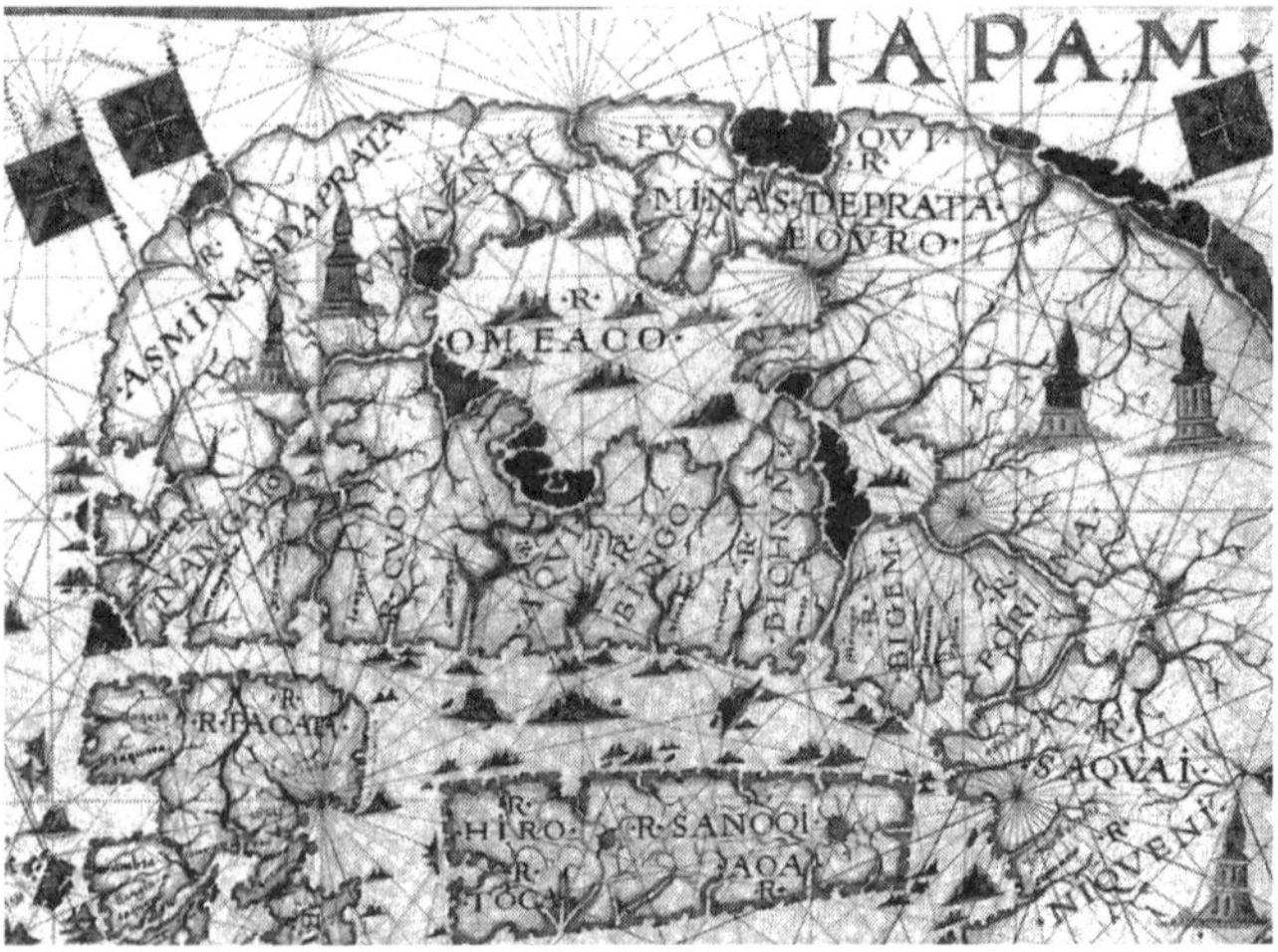

16世紀にポルトガルで作られた地図
石見銀山の記載もある

金附場

使った。絹や朝鮮人参など高価な大陸の産出品を大量に輸入し、金銀を代価に当てていたのだ。このような状態は佐渡金山の最盛期まで続いた。

牟礼の地には、史跡として「金附場《かねつけば》」の跡が残っている。これは金銀の輸送ルートに設けられた中継施設だ。湖尻湖畔の御金蔵《おかねぐら》で一夜を明かした金銀は、午前中にこの金附場で新しい馬の背に付け替え、昼までに善光寺宿に継ぎ送る仕組みになっていた。金銀の輸送量については、産出量の多かった江戸時代初期から中期には、馬60疋分を年3回輸送したこともあったという。馬や人足の提供、道路の整備や補修、金附場の警護などの労役は、牟礼宿をはじめ近隣の村々の住人たちが負担した。

現在も北信・東信の交通の要となっている北国街道。この街道は江戸時代、金銀を介して世界とつながっており、牟礼にはこのつながりを物語る痕跡が残っているのだ。

信州史×世界史

地球レベルで読み解く貞享騒動

多田加助と同志たちの決起

江戸時代の貞享《じょうきょう》3年（1686年）、松本藩内で起こった百姓一揆を「貞享騒動」という。一揆の中心メンバーが中萱村の多田加助であったことから、「加助騒動」とも呼ばれる。

騒動の要因は年貢だ。松本藩の年貢は近隣の藩に比べて厳しかった。高遠藩や諏訪藩の年貢徴収率が、米1俵につき2斗5升挽であったのに対し、松本藩は3斗挽だった。

当時の年貢は籾で納めていた。その籾一俵（5斗入れ）を玄米に挽いたとき、玄米が2斗5升取れる入れ方を「二斗五升挽」といった。実際、俵一俵の籾からは2斗5升の玄米しか取れないことを考えると、松本藩が要求する3斗挽は法外な年貢率だった。

これは松本藩水野家が譜代大名だったことによる。譜代大名は幕府の要職に就くことが多く、出費もかさむ。この費用を捻出するための重税だった。

しかし、税を課される側は、たまったものではない。しかも、不作続きで農民たちはとたんの苦しみを味わっていた。

ところが、貞享3年、松本藩は年貢徴収率を米1俵につき3斗4・5升挽を要求してきた。この年はとくに不作で収穫量が少なかった。これでは「お主たちは飢え死にせい」と言っているようなものだ。

貞享騒動加助様坐像（提供：貞享義民記念館）

加えて、年貢米納入に際し、ノギの除去を命じてきた。

ノギは米・麦などイネ科の植物の実から生えている、とげ状の細長い突起であり、農作業中に目を突く、女性の身を傷つけるなど、怪我の要因ともなっていた。このノギがあると俵に詰める籾の量が少なくなってしまうため、除去を命じてきたのだ。しかし、これは根気と手間のかかる作業だ。「脱穀と俵詰め作業さえ大変なのに、ノギを除けとは…」と、農民たちの不満は募るばかりであった。

このような状況を見かねた元庄屋の多田加助と同志たちは、身を挺して彼らを救う決意を固め、年貢の2斗5升への減免を含めた5ヶ条の歎願を認め、10月14日、松本城下の郡奉行所に訴え出た。

加助たちの行為が知れ渡るや、藩領内の村々から農民たちが、加勢するため奉行所に押し寄せた。そろって蓑傘を身にまとい、鍬を手にするという異様な恰好だ。突然の大騒動に藩の家老たちは狼狽した。本来なら藩主に裁可を仰ぐべきなのだが、藩主・水野忠直は参勤交代のため江戸にいる。自分たちで事態を収拾するしかなかった。

あの手この手で、収束を図ろうとする家老たち。しかし、農民たちは聞く耳をもとうとしない。時間の経過とともに農民の数は増え、ついには万余となった。

28名が処刑された貞享騒動

困惑した藩上層部は、同月16日、郡奉行の名で「年貢米は今まで通り、米1俵につき3斗挽」とする覚書を発した。これを知って三々五々と、自分たちの村に帰る農民たち。だが、加助と同志たちは、2斗5升挽の要求を通すべく、家老の証文を求めて動かなかった。

18日、加助たちは「2斗5升挽を聞き届ける」云々と認めた、家老衆からの連判覚書を受け取ったため、村へと引き上げた。しかし、これは騒動を大きくしないのと、直訴に及ばせないために、家老たちとった策略だった。

松本藩上層部は、江戸滞在中の藩主に事の次第を報告して裁可を仰ぐいっぽう、村々から先に渡した覚書を取り上げると、騒動の中核メンバーと子弟を捕縛し投獄した。彼らの処刑が執行されたのは11月22日だ。安曇郡の者は勢高《せいたか》で、筑摩の者は出川で、刑場の露と消えた。高台に位置する勢高で磔刑となった加助は、眼下の松本城を睨みつつ、「年貢は2斗5升挽」と絶叫して息絶えたという。

多田加助宅跡

この貞享騒動で処刑されたのは28名にのぼる。刑は磔が8人、獄門が20人。楡村の小穴善兵衛の娘で、16歳のしゅんまで連座して犠牲になる苛烈さであった。このほかにも追放刑や永牢に処せられた人もいた。これ以前、佐倉藩（千葉県佐倉市）で承応元年（１６２５年）に佐倉宗吾一揆、沼田藩（群馬県沼田市）で天和元年（１６８１年）に磔茂左衛門《はりつけもざえもん》一揆が起こっているが、ここまでの処罰者は出していない。まさに百姓一揆史上、稀に見る大量処刑であった。

加助たちを祭る 貞享義民社

この多田加助と同志たちを祭るのが、安曇野市三郷明盛に鎮座する「貞享義民社」だ。ＪＲ大糸線の中萱駅から、徒歩で10分ほどの位置にある。駅に降りると石碑があり、ブロンズ製のレリーフがはめ込まれていた。石碑に刻まれているのは「中萱加助肖像」の文字。中萱村の人なので、この名で呼ばれることも多い。

貞享義民社は、県の史跡に指定されている「多田加助宅跡」内にある。古くは堀を巡らし、東西約54メートル、南北約63メートルの屋敷だったそうだ。建物はすでにないが、南東の隅に堀と土塁の一部が遺構として残る。

上：二斗五升の碑
下：貞享義民社

多田家では加助の死後、騒動から50年後の享保20年（1735年）、邸内に祠を建立。明治13年（1880年）に200年祭を行い、12柱の同志を合祀して、現在の場所に社殿を造営した。その後、社務所、大鳥居、社殿の拡張などを行い、昭和61年（1986年）に他の人々を合祀し、300年祭を行った。これにあわせて社地も拡がり、「貞享義民顕彰慰霊碑」が建立された。碑の表には処刑された人々の名が、裏には建碑の辞が刻んでいる。毎年春と秋に祭礼を行っている。

社の裏には加助の墓があった。墓はもともと首塚のある場所にあったが、いつしか神社の裏に移されたという。右わきにある小さな墓石は、加助の弟の子どもを葬ったものだ。

境内には「二斗五升の碑」も立っていた。碑には「二斗五升、語り伝えよいねの波」という俳句が刻まれている。農民たちの切実な願いや、加助たちの無念を後世に伝えるため、俳人の柿之本芳月自筆の句を刻んだという。

この貞享義民社周囲には、加助に関連した史跡が点在している。首塚は処刑場に晒されていた加助の首を葬った場所だ。ここには加助の母方の先祖の墓があり、首を密かにもらい受けて埋葬したという。目印として「はくじゅ」の木を植えたと言い伝えられている。

熊野神社は加助と同志たちが、年貢の減免を訴えるための方法を密議した場所だ。境内にある御神木は、加助が挿した杖が大きくなったとされており、「加助の逆さ杉」とも呼ばれている。

不作の要因は寒冷な気候

貞享義民社周囲をひと通り回ったあと、「貞享義民記念館」へと入った。貞享騒動＝生きる権利の獲得のための戦い、との認識に立って建てられたミュージアムだ。館内2Fの「夢道場」で、立体映像による「貞享義民物語」を見ることができ、展示室には貞享騒動に関する史料の数々が展示されている。貞享騒動を理解するうえで格好の施設だ。

ところで、貞享騒動が起こった江戸時代、大規模な飢饉がたびたび発生している。知られているのは、

○寛永の飢饉：１６４２～１６４３年
○元禄の飢饉：１６９１～１７０３年
○享保の飢饉：１７３２年
○宝暦の飢饉：１７５５～１７５６年
○天明の飢饉：１７８２～１７８８年
○天保の飢饉：１８３３～１８３９年

の６大飢饉だ。

飢饉の要因は不作であり、不作は寒冷な気候によって発生する。近年の日本でも「平成の米騒動」が記憶に新しい。平成5年（１９９３年）は80年ぶりとなる大冷夏であり、米の収穫量は大幅に落ち込んだ。米不足解消のため大量のインディカ米が輸入されたが、日本の白米とは異なり、パサパサとしていたため、多くの国民が「口に合わない」と不平を洩らし、輸入米の多くは売れ残った。

地球と連動した貞享騒動

江戸時代に大飢饉が6度も発生したのは、この時期が「小氷期」だったことによる。これは小さな氷河期の意であり、５００年続いた。地球の気候は寒冷と温暖のサイクルを繰り返しており、9世紀から13世紀にかけての「中世温暖期」終焉後、気候は寒冷化に向かった。江戸時代は気候が寒冷化に向かうなかで営まれたのだ。

この小氷期のなかでも、とくに寒かったのは以下

放射性炭素含有率から分析した太陽活動の強弱期

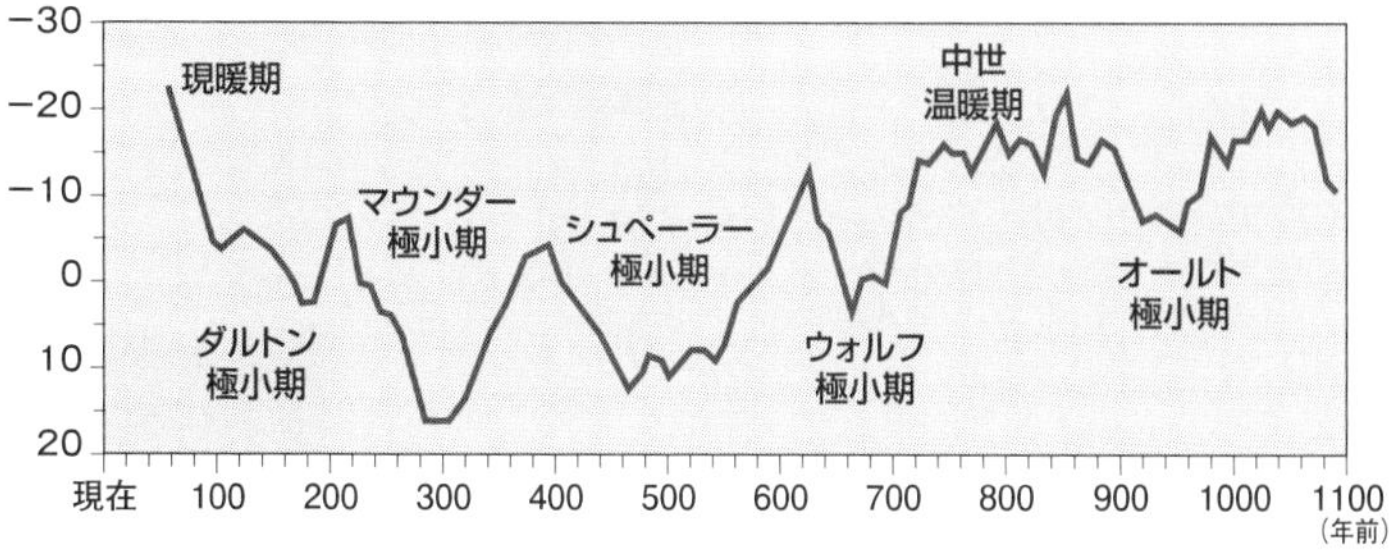

の4期だ。

◯ウォルフ極小期：
1280〜1340年
◯シュペラー極小期：
1450〜1570年
◯マウンダー極小期：
1645〜1715年
◯ダルトン極小期：
1770〜1830年

掲げてある図を見ても分かるように、このうちマウンダー極小期が最も寒く、寒冷な気候により、世界各地で不作が続いた。不作は人口動向に直結する。ヨーロッパではこの影響により、人口が減少してしまった。

貞享騒動が起こったのは、今から約300年前。マウンダー極小期の真っ只中だ。日本で同騒動が起こった1686年は、ヨーロッパも大寒波に見舞われた。イングランド南西部のサマセットでは、地面が地下1メートルまで凍りついた。フランス北岸では幅が5キロメートルの流氷が、オランダ沿岸から北海にかけての海域には、幅20キロメートルの流氷が出現。これによってバルト海では、船舶の航行が不可能になったという（『気候文明史』田中康　日本経済新聞出版社）。

江戸時代の信州安曇野で起こった貞享騒動。この騒動は単なる局地的なものではなく、地球規模の寒冷化と連動して起こったのだ。

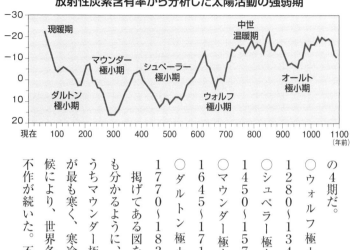

信州史×世界史

吉良左兵衛を諏訪で死に追いやった世界情勢

吉良左平衛義周が眠る寺

諏訪大社上社本宮の南隣に、鷲峰寺法華寺という寺院がある。日本固有の神と外来の仏が融合していた神仏習合期、諏訪大社上社本宮の神宮寺だった寺院だ。

織田信長の事績を記した『信長公記』は、武田攻めの際、この寺が本営になった旨を記す。また、史実か否か？　は別として、歴史ドラマなどでは、信長が明智光秀の発言に立腹し、寺院の欄干に光秀の頭を打ち付ける場面が描かれることがある。事件の舞台はこの法華寺であったという。江戸時代には諏訪高島藩主の帰依を受けていた。明治時代初期に廃仏毀釈の嵐が吹き荒れるなか、破却を免れて今日に到り、現在は臨済宗妙心寺派寺院として、ひっそりと佇むようにして建っている。

この寺は吉良左兵衛義周《よしちか》が眠る寺だ。そう、ご察しの通り、元禄赤穂事件の関係者だ。具体的には、

吉良左兵衛の墓

赤穂浪士に討たれた吉良上野介の孫にあたる。父は上野介の長男で米沢藩上杉家を継いだ上杉綱憲。上野介に後継がいなかったため、綱憲の次男左兵衛が、5歳で吉良家に養子に入った。

鷲峰寺法華寺山門

本堂の裏に回ると、「吉良義周公の墓↓約50ｍ」と書かれた看板があり、導かれるまま石段を昇ると、ほどなく「吉良義周公の墓　入口」と書かれた木の標柱があった。道は狭く、周囲は樹木でうっそうとして物寂しい。しばらく歩くと、本堂の真裏にあたる場所に墓石が佇んでいた。山門脇の説明版に「名門吉良氏の最後の当主の墓としては、まことにみじめで」云々とあったが、確かに高家筆頭（儀礼を司る役職では最高の家柄）だった吉良家の墓としては如何にもわびしい。

墓の前で合掌。墓の後ろには「元禄事件最大の被害者」と書かれた看板が立っていた。

吉良左兵衛の墓がなぜここにあるのか？　この墓が世界史とどうつながるのか？

これから詳細を語ろう。

吉良家に対する苛烈なる処分

元禄14年（1701）3月14日、吉良上野介は江戸城内で、赤穂藩主・浅野内匠頭に斬りつけられる。刃傷は朝廷からの使者接待役を仰せつかった同人が、吉良上野介の指導に不満を抱いたのが要因だった。浅野内匠頭が即日切腹に処されたいっぽう、上野介はすぐに隠居を願い出て認められ、18歳の左兵衛が家督を継いだ。

元禄15年（1703年）12月14日未明、赤穂浪士が「亡き主君の無念を晴らす」という目的で吉良邸に討ちいった際、左兵衛も祖父にして養父の上野介を守るため抗戦している。しかし、「拙者も長刀にて防ぎ候ところ二ヶ所手を負い眼には血入り…」という状態になってしまう。縁戚関係にある米沢藩上杉家の侍が吉良邸にかけつけた際、左兵衛は上野介

歌川国芳筆「忠臣蔵十一段目夜討之圖」
（出典：ColBase）

の隠居所の寝間で、ぐったりと横たわっていたという。

　無理もない。幕府内における吉良家の役割は儀礼指導。有職故実に通じていても、武芸は専門外なのだ。加えて、左兵衛は生来病弱な体質だった。

　しかし、非力を顧みず、果敢に抗戦した左兵衛に対する幕府の裁定は、苛烈を極めた。武士にあるまじき軟弱との理由で、閉門謹慎を申しつけられた挙句、元禄16年（1703年）2月4日、評定所において次のように言い渡されるのだ。

「浅野内匠頭家来共、上野介を討ち候節、左兵衛仕方不届きに付、領地召し上げられ、諏訪安芸守ぇ御預け仰せ付くる者なり」

　要するに、「赤穂浪士どもに吉良上野介の首級をたやすく挙げさせたのは怪しからん。お前の領地を召し上げて、身柄は信州諏訪へお預かりと致す」という意味だ。この時代、大名家の国許に預けられることは、代用監獄に収監されるのに等しいことだった。

高島城南之丸での謹慎生活

　この処分には幕府の政治的判断があった。日に日に高まる赤穂浪士への同情と助命嘆願。しかし、これに負けて赤穂浪士を助けてしまうと、「暴力的解決を許した」という前例ができてしまう。法治主義を掲げる幕府としては、絶対に認められない裁決だ。

しかし、沸騰する世論はなかなか収まらない。ここで世論を鎮める道具として選ばれたのが、吉良左兵衛だった。つまり、吉良左兵衛を幽閉して吉良家を断絶させることで、バランスを取ろうとしたのだ。臆して逃げたのならともかく、戦って敗れたのだから致し方ない。年齢、体質、役職などを考えれば、吉良左兵衛の行為は「健気」の一言に尽きよう。しかし、幕府の冷酷な政治的判断は、世論を鎮めるための生贄として、容赦なく吉良左兵衛を選んだ。

高島城

信州高島藩諏訪安芸守（3万石）御預けとなった左兵衛は、佩刀を取り上げられたうえで、その日のうちに諏訪家側に引き渡された。『諏訪家御用状留帳』には、当日の左兵衛の扱いについて、「暮れ前御屋敷へ恙なく御共申し、表御居間を囲み御入れ置き、番人御付け置く」と記している。要するに、部屋に押し込めての見張り付き。文面こそ丁寧だが、扱いは重罪人に等しい。評定所から市ヶ谷の高島藩邸に移送される際も、青網をかぶせた罪人駕籠が用いられたという。

左兵衛はほどなくして諏訪に移され、高島城南之丸に身柄を置かれる。藩の扱いは極めて丁寧だったが、決して温かくはなく、常時監視下に置かれ、外部情報も完全にシャッタアウトされた。伸び放題の月代やヒゲを剃るために剃刀を所望しても、剃刀で自害されて、藩の落ち度になるのを警戒し、「規定にないから許可できない」という素っ気ない返事が返ってきたそうだ。

こんな環境下で人が長く生きれる訳がない。元来、病弱だった左兵衛は次第に病むようになり、実父・実母の死去の報に接してから以降、しばしばあったからだの震えと発熱が悪化し、やがてむくみがひどくなって衰弱し、呼吸困難に陥って、宝永3年（1706年）1月20日に死去した。享年22。遺骸は引き取り手がなかったため法華寺に埋葬された。

ところで、吉良左兵衛の悲惨な死の間接的要因となった浅野内匠頭。じつは刃傷沙汰に及ぶ18年前、吉良上野介の指導で朝廷からの使者をもてなす役を見事につとめあげている。もてなし役未経験者ではなかったのだ。なのになぜ、2度目は前代未聞のしくじりをしたのか？　じつは1度目と2度目では、大きな変化が2つあった。

地球・世界とつながる個人の運命

1つは東アジアで起こった。中国大陸の清帝国が、制限をかけていた海外貿易を自由化したのだ。これを受けて日本は、大量の金銀と引きかえに、莫大な量の生糸や漢方薬の原料などの輸入を開始した。

これにより金貨・銀貨を鋳造するための地金が不足する事態に陥ったため、幕府は急場しのぎで金銀の含有量を落とした粗悪な貨幣を流通させた。結果、モノの値段が高騰し、ハイパーインフレーションが発生していた。

今1つは地球規模で起こった。「貞享騒動」の項でも紹介した「マウンダー極小期」と呼ばれる寒冷期だ。1645年〜1715年まで続いたこの寒冷化の影響で、元禄期は冷夏続きとなり、日本は極端なモノ不足に陥った。モノを輸出できない以上、頼れるのは金銀などの地下資源のみ。このため金銀の流出に拍車がかかった。

浅野内匠頭が18年前に用意した予算は、400両。当時はこれで充分だったが、今回は倍以上出費がか

法華寺にある吉良左兵衛木造

さむ計算になる。しかし、浅野内匠頭が2度目の接待役に任じられた際、用意した予算は700両。完全な予算不足だった。これでは存分なもてなしができるはずもない。指導役の吉良上野介が、頭を抱え込んだことは容易に想像できよう。このことが吉良上野介をして、浅野内匠頭への風当たりを強める結果となり、逆上した浅野内匠頭が刃傷沙汰に及んだのだ。

整理すれば、地球規模の気候変動と東アジア情勢→日本での金銀不足によるインフレーション発生→予算不足→浅野内匠頭による吉良上野介への刃傷→赤穂浪士の討ち入り→吉良左兵衛の死という流れになろうか。地球・世界規模での動向が、吉良左兵衛を狙い撃ちしたように思える。こんなの個人の力ではどうしようもない。

悲運というか、不運というか、静かに佇む吉良左兵衛の墓石は、好むと好まざるとに関わらず、人は世界的な動きにピンポイントで翻弄されうることを私たちに語りかけている。

なお、墓石の横には「公よ忍べ　ただひたすらに忍べよかし　公の隠忍は知る人のみの知る真の強さなればなり」と刻まれた碑がある。

信州史×世界史

秋山郷の銅山とヨーロッパの戦争

信州の秘境秋山郷

信州の最北端に位置し、新潟県と境を接する下水内郡栄村。昭和31年（1956年）、下水内郡水内村と下高井郡堺村が合併して誕生した村だ。村域内には標高2000メートルを越える苗場山や鳥甲山があり、高地と平地を含む多様な地形からなっている。基幹産業は農業であり、トマト、コシヒカリ、キノコ等が特産品となっている。

日本秘境100選のひとつに数えられる秋山郷は、この栄村と新潟県南魚沼郡津南町にまたがる中津川沿い地域の名称だ。それぞれ「越後秋山」「信濃秋山」と呼ばれており、新潟県側に8集落、信州側に小赤沢・和山・屋敷・上野原・切明の5集落がある。

江戸時代にはすでに、外界と隔絶した秘境集落として有名で、しばしば話のタネとなっていた。「平家の落ち武者が住みついた郷」とも噂され、「文治年間（1185～89）、源頼朝に敗れた平勝秀なる武将とその一族が、現在の群馬県草津から逃れてきて住みついた」と、まことしやかに語られた。落人伝説の真偽のほどは不明だが、少なくとも鎌倉時代には、人の生活が営まれていたことが分かっている。

秋山郷（画像提供：栄村秋山郷観光協会）

鈴木牧之と『秋山記行』

鈴木牧之《ぼくし》の『秋山記行』は、この秋山郷の風俗、自然、人の暮らしなどを記録した書だ。牧之は明和

鈴木牧之座像（提供：鈴木牧之記念館）

7年（1770年）、越後魚沼郡塩沢村（新潟県南魚沼市）に生まれ、質屋・縮織物・米の仲買などを生業としつつ、文筆活動にも勤しんだ地方文人だ。滝沢馬琴、十返舎一九など江戸時代後期を代表する作家たちとの親交があり、雪国の暮らしぶりを活写した『北越雪譜』はベストセラーとなった。

牧之が秋山郷に行くきっかけを作ったのは、十返舎一九だ。牧之から秋山郷の話を聞いていたこの滑稽本作者は、文政11年（1828年）6月初旬、牧之に「来年は秋山郷の珍しい話を出版して、世間を笑わせましょう」と持ちかけた。かねてから秋山郷に関心を抱いていた牧之は、同年9月8日、秋山郷に仕事で向かう桶屋団蔵に同行して出発し、郷内を一周するかたちで歩き、同月14日まで滞在した。『秋山記行』にはこの小旅行の際の見聞が、色鮮やかな挿絵入りで描かれている。

十返舎一九は秋山郷をネタにした滑稽本を考えていたようだが、『秋山記行』の内容は滑稽とは無縁だ。見聞きしたものを脚色なく、淡々と記している。文字化された写真とでも表現すれば良かろうか。このためリアリティと臨場感がストレートに伝わってくる。

さて、ここからは恒文社刊行の『鈴木牧之　秋山記行　現代語訳』（訳・解説　磯部定治）に依拠しつつ、秋山における牧之の行程をダイジェスト的に追ってみたい。

牧之の旅をダイジェストする

◯9月8日

食料、衣類、「外夏」という酒などを用意し、桶屋団蔵とともに出発。この日の夜は天台宗見玉不動堂の別当・正法院に宿泊を頼んだ。寒いこと塩沢の10倍。大きな囲炉裏で薪を惜しげもなく燃やす様子に驚くが、当地の風と聞く。食事をしたあと、訪ねてきた村人たちの話を聞く。

◯9月9日

見玉不動尊にお参りをしてから出発。途中、民家で休憩や昼食をしつつ、中ノ平→大赤沢→甘酒という集落を経て、小赤沢に到着。福原市右衛門宅に宿泊を依頼する。塗壁の茅葺きの新宅であり、桶屋の話によると夜具があるそうだ。家の女2人の美しさに感動するも、夕食に出された秋山名物粉豆腐は、歯のない牧之には固すぎて厄介だった。囲炉裏の火で温まりつつ、食習慣、住まい、庄屋、生業、縁組などの話を聞く。

◯9月10日

朝食に出された鹿肉汁を牧之は、「4つ足は食べない」と断る。桶屋はお構いなしに食する。太子堂に参拝後、小赤沢の集落を出発。途中、道に迷うハプニングが起こるが、上の原→和山を経て湯本に着いた。湯守りの嶋田彦八宅に宿泊し、温泉にひたって一息ついたあと、主人と話をする。

◯9月11日

朝風呂を浴びたあと朝食。かねてから関心を抱いていた秋田のマタギが来たので、話聞きたさにもう一泊することを決める。マタギが宿泊する長屋や、渓流の流れを見、夜、宿に帰ってきたマタギの話と対面。秋山から上州草津への往来、山々や猟のこと、入山のルールなど細かく聞く。猿の皮を購入。

和山の集落が見える（画像提供：栄村秋山郷観光協会）

○9月12日

湯本を発って→秋山村跡→前倉→上結東という集落に到った。途中、掛け軸の絵が開いていくような奇勝の連続に感動。前倉で桶屋と顔見知りの家で昼食をとった際には、「ここから上結東まで遠いから、たくさん昼飯を食べていけ」とのアドバイスを受けた。夜は上結東で、桶屋と顔見知りの家に一夜の宿を頼んだ。主人は79歳の高齢だが、元気溌剌の様子。牧之は「言葉では言い表せない」と驚く。夜、主人の健康の秘訣、集落の農業などの話を聞く。

○9月13日

起床後、家の主人と主人の知り合いの老人3人で雑談。化け物退治の話で盛り上がる。朝食後、主人が桶屋に干したクマの陰茎を売る。猿の集団に出くわしたあと、付近で大豆の脱穀をしていた男に、酒手を払って猿飛橋の案内を依頼し、おっかなびっくり橋を渡った。初日の宿であった正法院で昼食。夜は小出新田の市右衛門宅で、大蛇の話を聞く。

○9月14日
早朝に出発。時雨がふりしきるなか、無事に塩沢に戻った。

『秋山記行』には旅程の記述のあと、「秋山の評」として牧之の感想が記されており、健康長寿者が多い点に最も感心している。また、窃盗など皆無で飲酒も稀など、世俗の垢にまみれていない点も感心したようだ。最後は「中津川の清流で命の洗濯をしたい」と締めくくられているから、秋山郷探訪が牧之にとって好ましい旅であったことが分かる。

江戸時代「泰平」を謳歌していた

ところで、牧之が秋山郷を訪ねる110年前、具体的には正徳2年（1712年）から享保3年（1718年）のあいだ、秋山郷で銅山経営がされていた（「秋山と銅山」柴崎啓太『新・秋山記行』白水智編　所収）。

日本の銅山開発は、金銀の産出量と輸出量の減少を受け、新しい輸出品を得る目的で盛んになった。秋山銅山もこの流れのなかで開発された。

銅山経営は飯山藩が主導し、京都の商人に委託するかたちで行われた。製錬場を設け、数百人の坑夫を入れ、藩の銅山奉行も来往した。銅の質は良かっ

鉱滓

（画像提供：栄村秋山郷観光協会）

たが、鉱脈が細く量産が見込めないため、操業が打ち切られたという。『秋山記行』に銅山に関する言及がないのは、１１０年前のできごとだったことに加え、わずか7年の操業期間であったためだろう。

鈴木牧之が秋山郷を旅し、短期間とはいえ銅山が営まれた江戸時代。この時代を形容するのに、しばしば「泰平」という言葉が用いられる。泰平とは「世のなかが平和に収まり、穏やかなこと」の意になる。幕末維新期こそ、欧米勢力によって開国を迫られたが、江戸時代約２６０年の期間中約２００年は、外圧もなく穏やかな時代を過ごしていた。

欧米諸国が日本に無関心だった訳ではない。東南アジアは植民地として浸食されていた。しかし、欧米諸国には日本にまで手を延ばせない事情があった。日本が泰平を謳歌していた17～19世紀初頭にかけて、ヨーロッパは革命と戦争の時代だったのだ。

先ず、イギリス。１６４２年から１６４９年にかけて、ピューリタン（清教徒）革命が起こっている。革命収束後の１６５１年には新興国のオランダとのあいだで、第1次イギリス＝オランダ戦争が起こった。さらに１６８８年には、名誉革命によって新たな政治体制が確立するも、翌年にはスペイン・イタリア、イギリス、オランダ、フランスによるファルツ継承戦争が勃発している。

この戦争が9年で終結すると、1701年にはスペイン継承戦争が勃発し、スペイン・イタリア、オランダ、フランス、神聖ローマ帝国・オーストリア、プロイセンを巻き込んでの大戦争に発展。さらにオーストリア継承戦争、七年戦争とヨーロッパ全土を巻き込む戦争が続き、1789年にフランス革命が勃発する。

ブルボン王朝を倒した市民革命に、ヨーロッパ全土が警戒心を募らせた結果、ヨーロッパ中の国々がフランスを包囲する「対仏大同盟」が結成される。

こうした局面でフランスには、ナポレオン・ボナパルトが登場する。この戦争の天才児が出現したことにより、ヨーロッパの戦火はますます激しくなるのだ。

ピューリタン革命により処刑される国王チャールズ1世

日本産の銅とヨーロッパの戦争

革命と戦争は、ヨーロッパでのみ行われていた訳ではない。北アメリカ大陸では、アメリカ合衆国がイギリスからの独立をかけて、戦っていた。この戦争にはフランス、スペイン、オランダもアメリカ側で参戦している。

このように17世紀から19世紀初頭にかけて、ヨーロッパ社会は戦争と革命に明け暮れていた。とても、極東の島国・日本に構っている余裕はなかったのだ。

この戦争で重要な役割を果たしたのが、日本産の銅だった。金銀産出量の減少を受けて始められた銅山開発は順調で、18世紀初頭から豊富な産出量を誇った。銅は貨幣の鋳造には不可欠な鉱物なため、中国やインドでは銅を棒状に加工した、「棹銅《さおどう》」と呼ばれる銅を日本から輸入していた。また、アジア各地の貨幣を持たない地域では、日本から輸入した

フランス革命の口火となったバスチーユ襲撃
ジャン＝ピエール・ウエル画

銅銭をそのまま流通させていた。

銅は武器の鋳造にも必要なため、江戸時代の日本と唯一通商関係を持っていた、オランダの東インド会社は、日本産の銅を大量に買って、戦争続きのヨーロッパで売りさばいた。日本産の銅がヨーロッパの戦乱に拍車をかけた結果、日本は「泰平」を手に入れていたのだ。

操業期間は短く、産出量も多くはなかった秋山郷の銅山。しかし、日本産の銅であった以上、何らかのかたちで世界史と関りを持ったかも知れない。

信州史×世界史

北斎と浮世絵でつながっている小布施と世界

葛飾北斎がいた町・小布施

上高井郡小布施町。特産品の栗とともに、葛飾北斎の町としても知られており、町内には北斎館、北斎の描いた天井画「八方睨み鳳凰図」のある岩松院、北斎を招いた小布施の豪商・高井鴻山《こうざん》を記念した高井鴻山記念館など、北斎関連の施設が点在している。

葛飾北斎は、江戸時代後期の浮世絵師だ。浮世絵とは、江戸時代半ばから隆盛した新興の風俗画をいう。浮世は元来「憂世」。世の中のつらさを嘆く厭世的な言葉だったが、町人文化の成熟とともに、「つらい世の中だからこそ、浮き浮きと生きよう」という考えが広まり、浮世と変わった。

この意識に後押しされて浮世絵は、人気役者、遊里、芝居小屋、美女など享楽的情報を積極的に発信し始める。視覚で情報を伝える点が歓迎され、浮世絵はたちまち市民権を得た。北斎はこの浮世絵で一世を風靡した絵師だ。

北斎は宝暦10年（1760年）、現在の東京都墨田区の一画に生まれた。少年時代は貸本屋の小僧などをするかたわら、木版彫刻を学んだという。19歳で役者似顔絵の第一人者・勝川春章の弟子となり、「春朗」の画名で浮世絵界にデビュー。黄表紙（諷刺と知的遊戯を特色とした読み物）の挿絵（イラスト）を描くいっぽう、美人画・風俗画・相撲絵など、当時の浮世絵のジャンルをほとんどこなした。

寛政6年（1794年）に勝川門下を離れてからは、狂歌師たちの刊行物に挿絵を描くなどし、文化元年（1804年）、読本挿絵の世界に入った。読本とは江戸時代の小説をいう。空想や伝奇を元ネタに、「因果応報」「勧善懲悪」といった思想を織りこんだストーリー展開で、人気を博していた。

『富嶽三十六景』で画名確立

読本挿絵のポイントは、フィクションたる小説に、如何にリアリティをもたらすか？　という点にある。北斎は曲亭馬琴、柳亭種彦、十返舎一九といった人気作家の作品に挿絵を提供。腕利きの挿絵家として、作家たちの厚い信頼を得ていたらしく、活動開始から10年で、190冊以上の読本に挿絵を描いた。この挿絵家としての活動が、北斎のその後の画業に大きな影響を与えたことは、容易に想像できる。

北斎は文化11年（1814年）ころから、手絵本「北斎漫画」の刊行を開始。また、錦絵（木版を使った華麗な浮世絵）にも取り組むようになり、天保2

年（1831年）刊行の『冨嶽三十六景』で画名を確立した。

葛飾北斎筆「冨嶽三十六景 神奈川沖浪裏」（出典：ColBase）

この三十六景中の「神奈川沖浪裏」は、本当に凄い。天をつかんばかりにそそり立つ波、木端のように翻弄される船と人、波間から見える富士山…。一度見たら目に焼き付くインパクトがある。この作品ばかりではない。北斎は意表をついた構図、圧倒的なダイナミズム、超リアリティ、独得な遠近感の表現を終生の持ち味とした。この点において北斎は、同時代の人々に驚きと感動を与える浮世絵師であったと解釈して良かろう。

北斎が手がけた浮世絵は、風景画、花鳥画、化物絵、役者絵、相撲絵、武者絵など多岐にわたる。このほかにも双六などの玩具に書かれた玩具絵、夏の団扇に書いた団扇絵、和漢の故事・古典を絵画化した詩歌図など多くの種類がある。

岩松院の「八方睨み鳳凰図」

長野電鉄小布施駅で電車を降り、徒歩20分ほどで岩松院についた。室町時代の文明4年（1472年）に開創された寺院だ。山号は「梅洞山」。曹洞宗を宗派としている。

この寺院は福島正則の廟所でもある。豊臣秀吉子飼いだったこの猛将は、石田三成への敵対心から、関ヶ原の合戦に際しては、三成と対立する徳川家康に味方し、東軍勝利の原動力となった。この功績により広島に奉じられ、49万8000石の大禄を食む大大名となった。

しかし、城の修繕を幕府に咎められ、元和5年（1619年）、信越地方の4万5000石に減封処分となった。正則の菩提寺は京都にあったが、北信濃にも菩提寺を求めた結果、岩松院が廟所となった。

この寺にはまた、江戸時代後期の俳人・小林一茶が、「やせ蛙、負けるな一茶、是にあり」の句を詠んだ場所で、〝蛙合戦の池〟のほとりに句碑が立っている。

寺院の本堂にあがり、天井に描かれた北斎の「八方睨み鳳凰図」を見上げる。堂内を移動すると、どこの場所にいても鳳凰がこちらを睨んでいるように見

岩松院

岩松院本堂大間の葛飾北斎筆『八方睨み鳳凰図』

える。さすが「八方睨み」の語を冠するだけある。

鳳凰図と聞いていたから、両翼を拡げた意匠を想像していたが、頭を中心に丸まっている。なのに躍動感と存在感が凄い。大きさは畳21枚分だというが、両翼を拡げた構図だったとしたら、華々しくも小さく見えてしまうだろう。意表を突く構図を得意とした、北斎の面目躍如というところか。

北斎は83歳をはじめとして、小布施を4回訪れている。この鳳凰図は4回目の来訪時、約1年をかけて描いたものだ。北斎は翌年江戸に戻り、90年の生涯を閉じた。この点からして鳳凰図は、北斎の遺作と位置づけて差し支えなかろう。

とにかく。色が鮮やかだ。朱・鉛丹・石黄・岩緑青・花紺青・べろ藍・藍などの顔料を膠水《にかわすい》で溶いた絵具を使用しているという。周囲は胡粉、下地に白土を塗り重ね、金箔の砂子が蒔かれているそうだ。遮蔽物などなく、空気に触れ続けているから色褪せそうなものだが、塗り替えは一度も行われていないという。

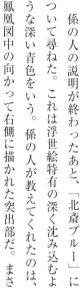

プロイセンで生まれた絵具

係の人の説明が終わったあと、「北斎ブルー」について尋ねた。これは浮世絵特有の深く沈み込むような深い青色をいう。係の人が教えてくれたのは、鳳凰図中の向かって右側に描かれた突出部だ。まさに、これぞ北斎ブルーとも言うべき深い青色をしている。グラデーション（色や濃淡を段階的に変える技法）がかかっているとも教えてくれた。確かにその通りだ。グラデーションによって、その部分が立体的に見える。

この北斎ブルーの原料となるのは、絵具の原料の部分でもあげたべろ藍だ。これは江戸時代、「べロ」「ベロリン」と呼ばれた絵具で、本来の名を「プルシアン・ブルー」という。この合成化学顔料は、1700年代初頭、プロイセン王国（現在のドイツ）で、製造法が発見された。延享4年（1747年）、オランダ船によって日本にもたらされるが、このときはすべて返されてしまい、宝暦2年（1752年）以降になって、本格的に日本に入るようになった。平賀源内が宝暦13年（1763年）に刊行した『物類品隲』は、「色深クシテ甚鮮ナリ」と記されており、今までの日本にはない色だったことが分かる。ただ、この舶来の色は非常に高価であり、流通量も少ないため、浮世絵作画に使われることは稀だった。伊藤若冲の作品で、わずかな使用が指摘されているくらいで（※高井鴻山記念館に、伊藤若冲の『鶏百態図』が展示されていたのには驚いた。鴻山が京都遊学時に入手したらしい。この豪商が超一流の鑑賞眼の持ち主だったことがわかる）、この色が浮世絵で使われるようになるのは、中国産の安価なベロの流通以降だ。

ベロ流通前、浮世絵における青色は、植物原料とした絵具を使っていた。しかし、出せるのはさわやかな青色のみだった。だが、ベロの登場により、深く沈み込む、奥行のある青色が出せるようになった。この新絵具の特徴を最大限に活かした大作が、北斎の『冨嶽三十六景』だった。

これにより浮世絵中に、風景画という新ジャンルが誕生。北斎と、『東海道五十三次』を描いた歌川広重によって確立された。ヨーロッパで発明された絵具が北斎をして北斎たらしめ、浮世絵に新潮流を巻き起こしたのだ。

ヨーロッパで絶賛された北斎

ところで、開国前から日本の美術は海外に紹介されており、18世紀末期のヨーロッパでは、「ジャポニズム」という日本美術ブームが巻き起こっていた。なかでも驚きをもって迎えられたのが浮世絵だ。北斎の作品はダイナミズム、遠近感、リアリティ、奇抜なアイデアなど、様々な点で衝撃的だったようだ。とくに男女の秘め事を描いた春画、『喜能会之故真通《きのえのこまつ》』の下巻第三図に描かれた、蛸と人間の女性の絡みは、絶大なインパクトを与えた。

西洋では悪魔の使者とされる蛸の登場もさることながら、大蛸に女陰と乳房を愛撫され、小蛸に口を吸われる女性の恍惚とした表情が圧巻だったらしく、多数の浮世絵をヨーロッパに紹介した美術評論家エドモン・ド・ゴングールは、「喜びで気を失いそうで、死体のように力が抜けて」と絶賛している。

浮世絵に関心が集まったのは、当時のヨーロッパの絵画事情もあった。伝統的なサロン絵画が主流だったが、すでに表現方法は出尽くし、今以上の発展は望めない状況になっていた。このような状況下で、日本の浮世絵がもたらされたのだ。

フィンセント・ファン・ゴッホ、クロード・モネ、ポール・ゴーギャンなどの画家たちは、絵画界に新しい潮流を起こすべく、浮世絵を収集し、表現技法などを研究した。結果、誕生したのが印象派絵画だ。

ヨーロッパで発明された絵具が、日本の浮世絵に新潮流に巻き起こし、日本の浮世絵がヨーロッパの絵画を変えたのだ。北斎はその両方に関わった。

かつて北信濃における経済と文化の中心地として栄えた小布施。江戸時代から現代に到るも、北斎と浮世絵を介して世界とつながっている。

信州史×世界史

塩尻本洗馬の蘭学とフランス皇帝ナポレオン

菅江真澄が滞在した本洗馬

塩尻市の西に位置する洗馬《せば》地区は、奈良井川の段丘上に形成された本洗馬（上組、元町、芦ノ田、太田）、東西を山並みに挟まれ小曽部川に沿って南北にいくつもの集落で形成された小曽部（上小曽部、下小曽部）、小曽部川が奈良井に合流するあたりの氾濫原とその西の河岸段丘上の台地からなる岩垂からなっている。

洗馬という地名に関しては、谷の入り口などで奥にかけて狭まっていく地形（狭間、狭場）に由来するとの説があるそうだ。塩尻市地域振興バス「すてっぷくん」の洗馬線に乗って、塩尻駅から終点の奥平まで行ってみたが、確かに奥まるにつれて狭まるのを実感した。

平安時代中期の公家・藤原実資の手になる日記「小右記」の長和3年（1014年）の記事に、忠明朝臣なる洗馬の牧の司が、馬・牛などを貢物として納めたことが出ている。この洗馬の牧は朝日村と芦ノ田、小曽部等にあった牧場と推定されている。

この洗馬地区の本洗馬は江戸時代、紀行家・文人の菅江真澄をはじめとして、多くの文人墨客が来訪した場所だ。彼らを中心としたサロンにより、独自の洗馬文化が開花した。同地にある「本洗馬歴史の里資料館」には、菅江真澄や、医学者で当時蔓延していた結核の治療・予防に貢献した文化勲章受章者熊谷岱蔵《たいぞう》博士、洗馬の歴史文化の資料、また「洗馬焼」をはじめとした塩尻の焼き物等を展示している。

資料館に隣接する釜井庵は、戦国時代、妙義山城主としてこの地方を支配していた三村氏が、山麓に設けた居館跡に建つ庵だ。建てられたのは18世紀ころらしい。菅江真澄が天明3年（1783年）、この地を訪れた際、1年余を釜井庵で過ごしている。

また、寺子屋としても使われ、多くの村童がこの庵で学んだという。

本洗馬で行われた集団種痘

資料館でひと通り展示を見たあと、係の方に「熊谷珪硯《けいせき》」関連の資料について尋ねた。熊谷岱蔵博士の曾祖父に当たる人物であり、信州で最初に集団種痘を行い、蘭学を本洗馬の地に根づかせた人物だ。この資料館では令和3年10月1日から12月5日にかけ、「蘭方医、熊谷珪硯・謙斎展―信州初の集団種痘をした本洗馬村医師―」という企画展を行っている。そこで尋ねてみたという訳だ。資料は方々から借りて、企画展終了後に返却してしまい、「ない」とのこと。それでも企画展開催時のチラシを見つけてくれた。

種痘とは天然痘に対するワクチン予防をいう。天然痘は天然痘ウイルスへの感染によって発生する病気であり、人から人へと移る伝染病だ。農耕開始によって人々が定住生活を営み始めた1万年前あたりから伝染病として定着し、多くの人類を苦しめてきた。紀元前1157年に亡くなった、古代エジプトのファラオ・ラムセス5世のミイラに天然痘の痕が見られるそうだ。また、スペインが中央メキシコのアステカ帝国や、現在のペルーにあったインカ帝国を侵略した際、免疫のないインディオ戦士たちが大量に罹患して、組織的な抵抗が不可能になり、圧倒的兵力差がありながら、アッサリと侵略者の軍門に降ったのは良く知られている。

日本には6世紀中期、大陸経由で流入したらしく、『日本書紀』に天然痘に関する記述を確認することができる。日本では「疱瘡」と呼ばれるようになったこの病気は、流入後しばしば大流行を起こし、日本社会を大混乱に陥れた。奈良時代には、藤原不比等の子、武智麻呂・房前・宇合・麻呂の4人が天然痘によって相次いで落命し、「藤原四子政権」が崩壊に追い込まれている。

発病期には40度前後の高熱が続き、全身に発疹が発生し、粒状の丘疹に変わる。これが水疱→膿疱へと変化するときが重症期で、膿疱が乾いてかさぶたになりはじめたら、回復期に入る。発症から回復までの期間は約1ヶ月。致死率は最高で50パーセント。老若男女を問わず虚弱な人は、重症期の最中に命を落とした。

運よく助かったとしても、かさぶた痕や後遺症に苦しんだ。戦国武将の伊達政宗が幼少期に天然痘に罹患して、右目を失明し、終生、自身の容貌にコンプレックスを抱いたことは良く知られている。天然痘が恐れられたのは、致死率の高さに加えて、治ったあとの苦しみも深かったためだ。「痘痕面」「痘痕もえくぼ」などという語が現在も残っていることから、昔の日本人が如何に天然痘を畏怖していたかが分かろう。

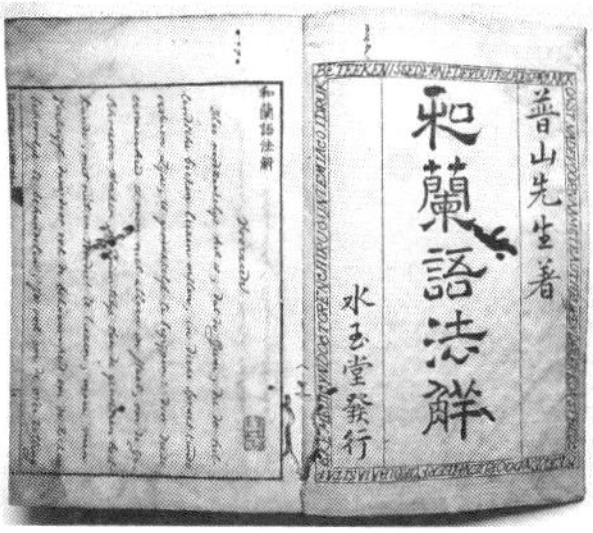

本洗馬歴史の里資料館での展示の様子と企画展告知物

ジェンナーの「牛痘法」が伝来

対策は長らく、「疱瘡神」に退散を祈るくらいしかなかったが、江戸時代中期に、中国から種痘が伝えられた。これは人間の天然痘の膿やかさぶたを健

エドワード・ジェンナー像

康な人のからだに移植し、軽い天然痘を起こさせる方法だ。1度でも天然痘にかかると、2度とかからなくなることを経験的に知ったうえでの対策だった。

しかし、真正の天然痘を発生させる危険もあるため、この「人痘法」はなかなか普及しなかった。

江戸時代後期に入ると、イギリスのエドワード・ジェンナーが開発した、「牛痘法」が伝来する。これは牛のかかる天然痘にかかった人が、人のかかる天然痘に感染しないことに着目した種痘だ。これならば人痘法と異なり、真正の天然痘を発症するリスクは回避できた。

この牛痘法の普及に尽力したのが、佐賀藩の医師・楢林宗建《そうけん》だ。オランダ商館医師シーボルトのもとで、牛痘法の実演を見た宗建は、嘉永2年（1849年）6月、牛の痘痂（かさぶた）をオランダ商館経由で入手。先ず、佐賀で種痘を行い、次いで佐賀藩江戸藩邸で実施した。佐賀藩での成功を受けて、牛痘法は急速に広まり、各地に種痘専用の施設が開設される。

日本での発生は1955年が最後

主な種痘施設をあげてみよう。

○除痘館…京都で身分を問わず種痘を実施。

○有信堂…楢林宗建の兄・栄建が設立。

○除痘館…大坂で「適々斎塾」を開いていた緒方洪庵が設立。

○種痘所…江戸神田お玉が池にあった。佐賀藩医・伊東玄朴をはじめとする蘭方医師80人が設立。

最後に紹介した種痘所は、安政5年（1858年）の設立から2年後、幕府直営となり「西洋医学所」と名前を改めた。これが東京大学医学部の前身だ。

それにしても、この協力体制の構築には驚嘆する。医師たちの心に燃えていた使命感が伺えよう。

熊谷珪硯も子の謙斎とともに、本洗馬の「生々堂」で嘉永3年（1850年）2月、牛痂による集団種痘を行った。牛痂の輸入から8ヶ月後だから、まさに迅速と形容できる対応だ。このときは29人の村人に種痘を施したという。

この種痘によって天然痘の罹患率は、次第に低下していった。日本での患者発生は昭和30年（1955年）が最後だ。

1980年、WHO（世界保健機関）は天然痘根絶を宣言。牛痘法が発明されて以来、長期間にわたって種痘が行われたことで、人類vs天然痘の戦いは人類が勝利した。本洗馬の蘭方医熊谷珪硯と子の謙斎も、人類の勝利の一端を担ったのだ。

フランス皇帝ナポレオン登場

ところで、熊谷珪硯が修めていた蘭学の「蘭」は、オランダの意だ。江戸時代、日本はヨーロッパ諸国中、唯一通商関係を結ぶオランダから、西洋の知識を得ていた。学問や文化はオランダ語で伝えられたため、西洋の知識は「蘭学」と呼ばれていた。

蘭学を学ぶにはオランダ語の修得が不可欠だ。日本人のオランダ語学習は江戸時代中期、8代将軍徳川吉宗が享保の改革の一環として、医官の野呂元丈と儒学者の青木昆陽に学ばせたのが最初になる。

安永元年（1772年）、前野良沢・杉田玄白・中川淳庵・桂川甫周といった医師・蘭学者の4人が、ドイツの解剖書をオランダ語に訳した『ターヘル・アナトミア』の邦訳作業を開始。悪戦苦闘1年半にして、安永3年（1774年）に『解体新書』として刊行する。これにより蘭学の基礎は築かれたが、オランダ語修得に必要な辞書が不備なため、蘭学はまだ一部の人の学問だった。

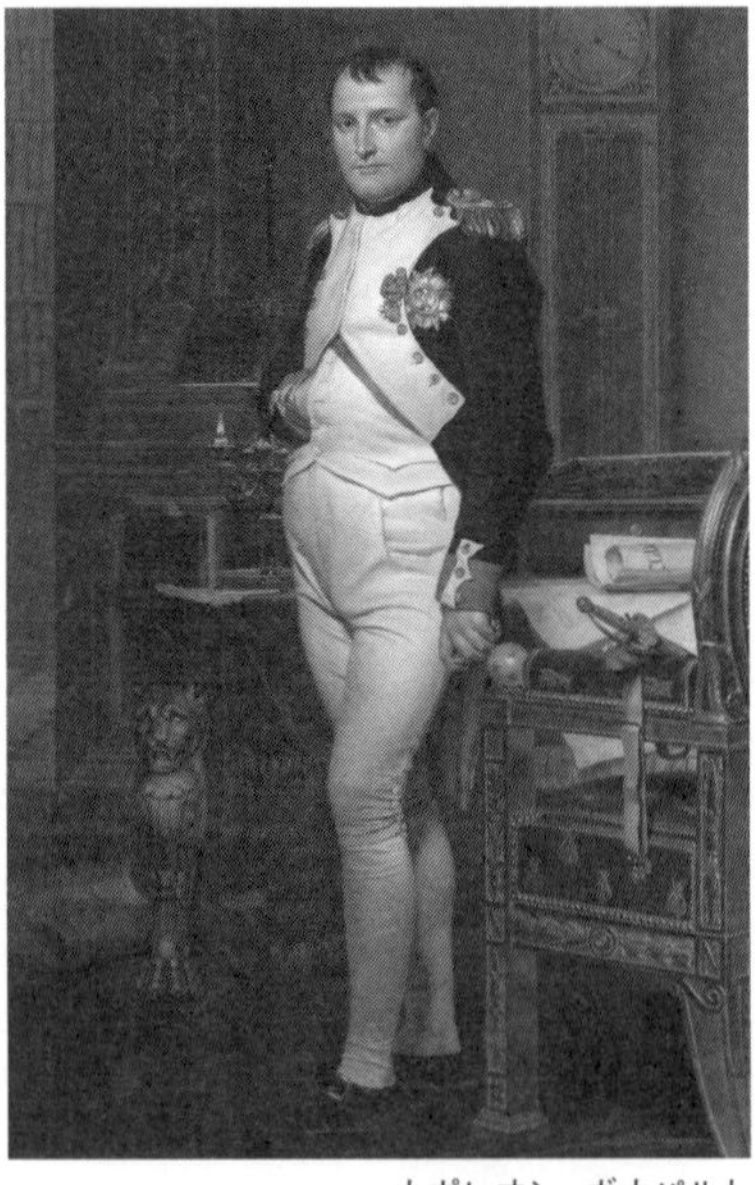

ナポレオン・ボナパルト
（The National Gallery of Art所蔵）

ところが、『解体新書』刊行から15年後の1789年、日本の蘭学発展を促す人物がヨーロッパに登場する。ナポレオン・ボナパルトだ。フランス革命にともなう動乱のなかで頭角を現したこの風雲児は、優れた軍事的才能を武器に地位を確立。1799年に政府を樹立し、1804年にはフランス皇帝に即位する。

フランスの動きに危機感を募らせたヨーロッパ諸国が1805年、3度目となる対仏大同盟を結成するとナポレオンは、大陸制覇に向けた動きを加速させ、周辺諸国と軍事的衝突を繰り返した。この動乱の中でオランダはフランスに制圧され、独立を失ってしまう。これにより遠く離れた日本では、オランダ商館長ヘンドリック・ドゥーフが帰国できず、立ち往生するはめになった。

『ドゥーフ・ハルマ』の情報に接する

ドゥーフは156代目のオランダ商館長として、1799年から1817年まで日本に滞在した。17年交代が原則のなか、17年ものあいだ日本に留まり続けたのは、ヨーロッパの動乱によりオランダ船の来航が途絶えたことによる。

1815年、ナポレオン没落を受けて開かれたウィーン会議でオランダは主権を回復した。この2年後、後任のオランダ商館長を乗せたオランダ船が長崎に来航、ドゥーフは任を解かれてオランダに帰国した。

17年という長期滞在中、ドゥーフは文化交流の一環として、日本人オランダ通詞11人の協力のもと蘭和辞書の編纂を行った。編纂はドゥーフ帰国後も日本人通詞達によって続けられ、天保4年（1833年）に完成した。

辞書は『ドゥーフ・ハルマ』と呼ばれ、オランダ語と蘭学の習得に不可欠の書物となった。蘭学者緒方洪庵が主宰する大坂の適塾で、学生たちが同書を奪い合うようにして学問に励んだのはよく知られている。『ドゥーフ・ハルマ』により蘭学のすそ野は、爆発的に拡大したのだ。

幕末維新の激動期、日本が苦慮しつつも西洋と対峙できたのは、蘭学によって多くの若者が西洋の知性に触れていたためだ。この知性の習得に大きな役割を果たしたのが『ドゥーフ・ハルマ』であり、ナポレオンがドゥーフを日本に釘づけにしたからこそ成立した。

本洗馬の地で開業医となっていた熊谷珪硯は、かつて師事した美濃大垣の蘭方医・江間春齢から、『ドゥーフ・ハルマ』に関する情報を知らされている。江間春齢は「非常に正確で分かりやすい」と絶賛しているから、熊谷珪硯が心を動かされたことは容易に想像できる。熊谷珪硯が同書を所有していた否か？　は不明だが、少なくとも同書の存在を知っていたことは確かだ。この情報が刺激となり、熊谷珪硯が蘭学の研鑽に一層の邁進をしたことは想像に難くない。

熊谷珪硯によって、江戸時代の本洗馬の地に根づいた蘭学。この地から糸を辿っていくと、最終的にはフランス皇帝ナポレオンにたどり着くのだ。

信州史×世界史

国際的視野を持っていた上田藩主松平忠固

外圧が高まるなかで老中就任

上田市は藩政時代、上田藩が置かれていた。仙石氏のあと松平氏が入り、忠周を初代に、忠愛→忠順→忠斉→忠学→忠優《ただます》（忠固《かた》）→忠礼と代を重ね、明治4年（1871年）に廃藩置県によって藩が消滅するまでの165年間、上田を治めた。このうち初代忠周と6代忠優（忠固）が、幕府老中をつとめている。

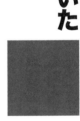

6代目藩主の忠優（忠固）は、忠優を名乗っていた時期、老中として「日米和親条約」締結に関り、忠固と改名後、「日米修好通商条約」締結に老中として関わっている。加えて、積極的な開国派であり、日本の開国を主導したキーパーソンと言っても過言ではない。

松平忠優は文化9年（1812年）7月11日、姫路藩主酒井忠実の次男として生まれた。18歳で上田藩主松平忠学の婿養子となり、19歳で上田藩主となった。文政13年（1830年）のことだ。その後、寺社奉行や大坂城代などを経て、嘉永元年（1848年）10月、老中に任命された。このとき37歳。

忠優の生誕から老中就任までは、外圧が高まった時期と重なる。ロシア、イギリス、アメリカなどの諸国が通商を要求してきたのだ。

上田城（提供：上田市マルチメディア情報センター）

日本は鎖国体制によって、外交を著しく制限している。外国船の度重なる来航と通商の要求は、当時の日本にとって主権の侵害に等しい行為であった。このため幕府は文政8年（1825年）、「異国船打払令」を発令し、攘夷と海防を強化した。しかし、天保13年（1842年）には、異国船打払令を緩和し、燃料・飲料水・食料を求めてきた場合は応じる「薪水給与令」を出した。中国大陸で起こったアヘン戦争で、清朝がイギリスに屈辱的敗北を喫したのを受けてのことだ。弘化元年（1844年）、オランダ国王が親書で開国を進言し、弘化3年（1846年）には、アメリカ人ビットルが浦賀に来て通商を求めている。この2年後に忠優が老中に就任するのだ。

時代が風雲急を告げるなか、忠優が如何なる考えを持っていたかは、史料を欠くためほとんど不明だ。しかし、確実に時代が動き始めたことは確信していたろう。

勅許なき通商条約締結

嘉永6年（1853年）6月、アメリカのマシュー・ペリー提督率いる艦隊が、大統領フィルモアの親書を携えて浦賀沖に来航し、開国を要求するという事件が起こる。ペリーは親書を幕府に渡し、「また、来る」旨を伝えて一旦退去。翌年の1月には再来航し、幕府に返答を求めた。この結果、日本とアメリカのあいだに和親条約が締結される。これは「下田・箱館を開港し、燃料・飲料水・食料を供給する」「下田に総領事を常駐させる」などを約しており、同様の条約がイギリス、ロシア、オランダとも締結された。

安政2年（1855年）8月、忠優は老中職を解かれる。攘夷論者の徳川斉昭が積極的開国論者の忠優を毛嫌いし、老中首座の阿部正弘に罷免させたのだ。しかし、安政4年（1857年）9月、忠優は老中に再任される。再任が申し渡された日、忠優は諱を「忠固」とした。忠優改め忠固は安政5年（1858年）6月、日米修好通商条約締結へと臨んだ。「通商」という文言からも分かる通り、貿易に関する条約だ。これにより横浜・兵庫・新潟などが新たに開港され、公使・領事の駐在など、貿易の促進に向けた複数の案件が取り決められた。同様の条約はアメリカほか、イギリス、フランス、ロシア、オランダとも結ばれた。これを「安政五か国条約」と呼ぶ。

条約締結前、老中の堀田正睦《まさよし》は、条約勅許を求めて上洛しているが、朝廷はこれを一蹴している。これは時の帝孝明天皇が、強烈な攘夷観を持っていたためだ。和親条約は単なる友好条約であったから黙認したが、異人相手の商売になると異人が国土に踏み入る。それだけは断じて認められぬという訳だ。

勅許など簡単に得られると思っていた幕府は慌てるばかりであったが、ここで忠固が大老の井伊直弼と激しく対立しつつ、幕閣を主導。同月19日、勅許なしでの条約締結を実現する。しかし、同月23日には井伊直弼の根回しによって、将軍徳川家定から老中を罷免されてしまう。

藩は独立国家だった

忠固は勅許を得ずして日米修好通商条約締結を断行した際、「京都の公家の意向ばかり気にしていたら、公儀の権威が成り立たない。幕府の意見をもって速やかに条約を結ぶべし」と主張して、条約調印の気運を盛り上げたと伝えられる。

もっともな言い分だが、これは調印を断行した理由にはなっても、調印を断行する理由にはなるまい。忠固のなかに、確固たる信念があったと考えなければ、勅許を無視して条約調印に踏み切った理由としては説得力を欠く。いったい何が忠固をして、勅許なしの条約調印に踏み切らせたのか？　この理由を

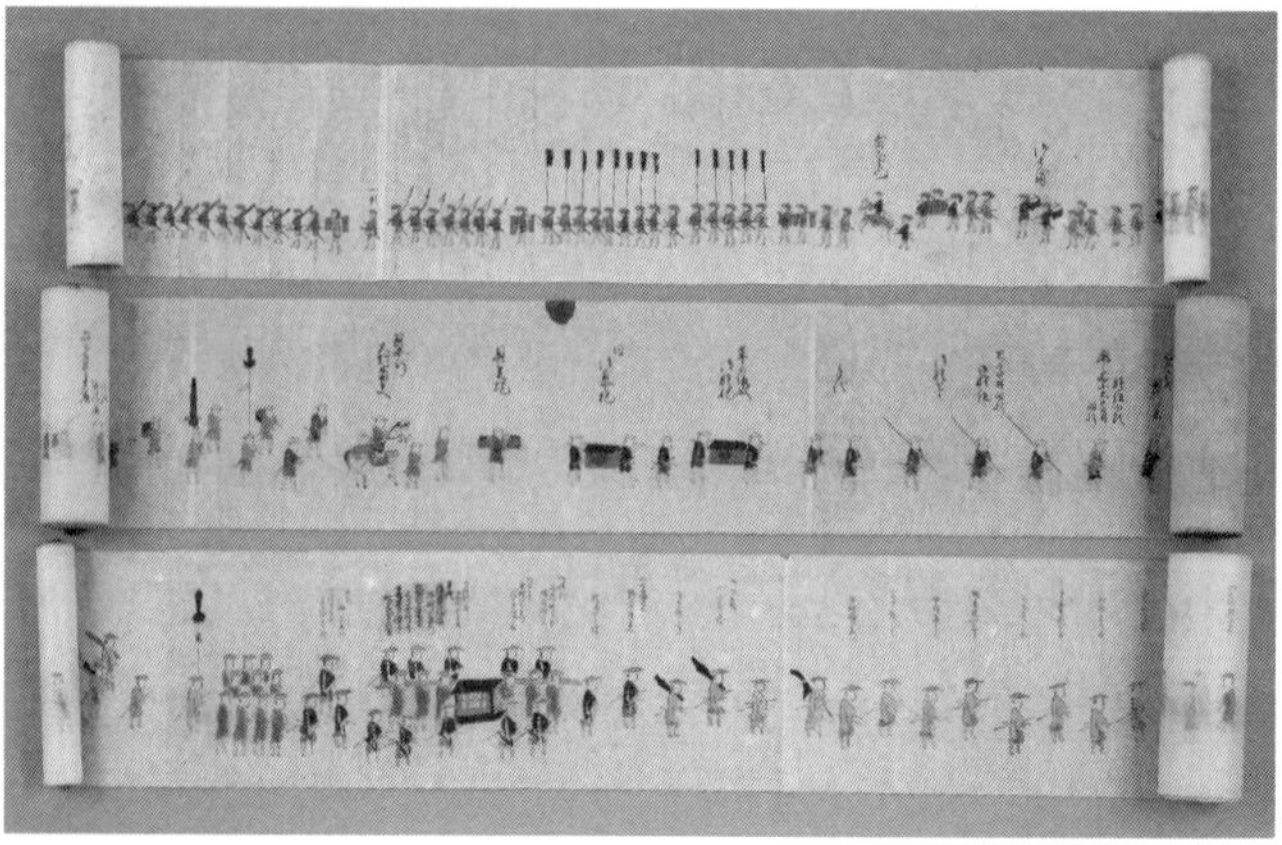

松平忠優大坂城入城行列図（提供：上田市立博物館）

考えるうえでヒントになるのが、失脚した忠固が藩士に飛ばしたとされる檄だ。「交易は世界の通道なり」で始まる檄を現代語訳で紹介すると以下のようになる。

「諸外国との交易は世界的趨勢であって、忌避すべきものではない。むしろこれを活性化させることこそ肝要である。我が国の未来は海外との交易によって開かれるから、積極的に乗り出すべきだ。それには我が藩も、今から準備をしなければならない。世論が紛糾しようとも怯むことなく、海外との交易に邁進する方法を考える必要がある」

殿様が交易云々と、商売を口にすることに違和感を覚えるかも知れないが、この檄には江戸時代の藩主と藩士のありようと、忠固の信念が語られている。

江戸時代＝徳川幕府が日本を支配していた時代と

思われがちだが、これは当たらない。確かに幕府は、大名の領国を決める権限を持っていた。だが、一旦領地を与えてしまえば、藩政には関与しなかった。稀にその藩の農民が苛政を直訴するような場合のみ、「民を虐げている」との理由で藩主を罰する程度であった。

幕府が日本全体レベルで掌握しているのは、軍事権・外交権・通貨発行権の3つのみ。通貨は金・銀・銭（銅）の3種類があり、幕府は交換比率について金1両＝銀50匁（元禄以降は65匁）＝銭4貫文と定めていた、しかし、幕府の許可を受けさえすれば、藩は「藩札」と呼ばれる紙幣を通貨として発行し、藩内で流通させることができた。独自の通貨を持てた点において、藩は独立国家であった。要するに江戸時代における徳川幕藩体制とは、独立国家連邦と形容できる体制だったのだ。

藩主は藩の最高経営者

独立国家である以上、財政も独立採算制だ。このため各藩とも藩経営に従事した。だが、これがひと苦労だった。最大の収入源となる年貢米は、収穫量が気候に左右される。藩財政の安定には副収入が必要なため、各藩とも新田開発などを進めつつ、産業育成や特産品の開発に意を注いだ。

ただ、作っても売れないと意味がない。特産品の開発は、今日の商品開発同様、試行錯誤の連続だった。使える土地が限られているから、使える素材が限られる点も悩みの種だった。それでも藩を維持する経営手腕が、藩主と藩士には求められたのだ。大政奉還で徳川幕藩体制が終焉した際、「やっと藩経営の苦労から解放される」と喜んだ大名が少なくなかったというのも頷けよう。

つまり、江戸時代の藩主は、藩の最高経営者であり、藩士は従業員であった。経営者ならば、自身が率いる組織を大きくし、安定させたいと思うのは当然のことだ。また、それは経営者としての責務でもある。忠固が藩士たちに飛ばした檄からは、諸国間交易という世界的趨勢に乗って、上田藩を世界に雄飛させせんとする決意が伝わってこよう。要するに、藩主としての任に忠実であるがゆえに、忠固は積極的開国論者となったのだ。「交易は世界の通道なり」と言い切った忠固は、自身の責務と、国際環境を俯瞰することのできる稀有な人物であったといえよう。

藩主自ら貿易の陣頭指揮

最高経営者を自認するだけあって、忠固の経営手腕は並ではなく、阿部勇氏の『上田は信州の横浜だった』（上田小県近現代史研究会ブックレット21所収）には、通商条約締結後の貿易状況に関して、次のように指摘する。

「上田藩が扱った生糸や紀州藩が扱った茶は日本を

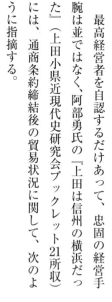

代表する輸出品であったが、すでに両藩はこれらの産物を江戸へ出荷する体制を開港以前に作り上げていた。こうした事前の準備があって、両藩は開港直後から貿易に進出できた」

松平忠優画賛（提供：上田市立博物館）

文中の「事前の準備」とは上田藩の場合、

①領内の産物を江戸で直売する許可を幕府に申請したこと

②江戸に上田産物会所を設置したこと

の2件を指す。①は嘉永7年（1854年）に行われ、②は安政4年（1857年を）に行われた。この件に関して農学・歴史学者の関良基氏は、作品社刊行の『日本を開国させた男、松平忠固　近代日本の礎を築いた老中』中で、

「上田の生糸は、もともと日本最大の生糸市場であった上州前橋に出荷されていた。忠固は、来るべき生糸輸出をにらんで、前橋ではなく江戸に直接出荷する体制を作り上げていたのである」

と指摘している。

安政6年（1859年）1月以降、忠固は生糸貿

易商の中居屋重兵衛と交渉を開始。3月5日には、上田藩の物産を取扱う許可を与え、物産輸出のため重兵衛との関係を緊密にしていった。藩主自ら貿易の音頭をとる様は、まさに上田藩最高経営者の面目躍如だ。

松平忠固墓所の願行寺

同年6月、条約に基づき欧米諸国との貿易が始まると、注文が殺到。上田産の生糸は爆発的に売れたという。売れたのは上田産生糸ばかりではない。開港の翌年には、輸出品の65パーセントを日本産生糸が占めていた。

上田産の生糸が飛ぶように売れている最中の同年9月12日、忠固は急死する。病死したことになっているが、暗殺説も根強い。享年48。死因はともかく、早死にであったことと、偉大な人材を失ったことは確かだろう。遺髪と遺歯が上田市中央の願行寺に埋葬され、墓石に「故従四位下行侍従 兼 伊賀守 上田源公髪歯之墓」と刻まれている。

なお、武家階級は徳川幕藩体制下にあって、厳しい藩経営を通じて経営手腕を磨いていた。だからこその明治維新後、日本はスムーズに近代的経済体制への移行ができたことも、最後に強調しておきたい。

信州史×世界史

アメリカ大統領と世界的歴史家が讃えた佐久間象山

生誕地に鎮座する象山神社

長野市松代は佐久間象山を輩出した町だ。信州人ならば、ほとんどの方はこの名前を耳にしたことがあろう。県歌『信濃の国』にも、源義仲、仁科盛信、太宰春台とともに「象山佐久間先生も」と歌いこまれている。

松代にはこの不世出の偉人ゆかりの地が点在している。町域の西南に鎮座する象山神社は昭和13年（1938年）、全国の教育者の尽力によって、象山の生誕地に創建された。

佐久間象山

写真：（出典：国立国会図書館「近代日本人の肖像」（https://www.ndl.go.jp/portrait/））

鳥居の外には、象山の騎乗ブロンズ像が置かれ、境内には檜による桃山式流造の本殿を中心に、象山が幕末の志士たちと国家の時勢を論じたという高義亭、京都から移築した茶室・煙雨亭、象山宅跡、生誕の碑などがある。また、象山神社からほど近い象山記念館には、象山の遺品や発明品が展示されている。発明品中には電池治療

象山神社

器や医療用蒸留器もあり、その才能のほどが垣間見える。

象山が活躍した幕末維新期は、日本建国以来、未曽有の激動期であった。市民革命と産業革命によって近代化を成し遂げた欧米諸国が、外交を著しく制限し前近代に留まっていた日本に、開国と貿易を要求してきたのだ。前代未聞の非常事態を前に、日本は大混乱に陥った。この緊迫下にあって象山は、元治元年（１８６４年）７月11日に京都で凶刃に倒れるまで、この国の進むべき道を示し続けた。ほとんどの日本人が右往左往するなか、明確に未来を見据えていたのは、後にも先にも象山ただ1人であり、その先覚性ゆえに日本史上に名前を残した。

フォード大統領とトインビーの評

この先覚性は20世紀の国際社内でも賞賛されてい

る。例えば、アメリカ合衆国第38代大統領のジェラルド・フォード。昭和49年（1974年）、現職の大統領として初めて、国賓として公式に来日したこの人は、11月20日、日本記者クラブ主催の昼食会に臨んだ際の演説で、象山が『省諐録《せいけんろく》』中に記した文言を引用して、次のように述べている。

「1854年に、日本の改革家、佐久間象山は、1974年を見抜いたものと思われるような卓見を明らかにして、次のようにいっている。『私は20歳にして、人間は一地域の中で結ばれていることを知った』『私は30歳にして、人間は一国の中で結ばれていることを知った』『私は40歳にして、人間は5つの大陸からなるひとつの世界の中で結ばれていることを知った』。120年後の今日、国家間のきずなは、かつてないほど緊密になり、近代テクノロジーは世界をひとつにしている。個人あるいは一国の成否が、他のすべてに影響を与える」

『省諐録』は象山が弟子の吉田松陰密航計画に連座し、蟄居生活を強いられた際に著した手記だ。フォード大統領が引用した個所の原文は、「余年二十以後、即ち匹夫も一国に繋りあるを知り、三十以後、即ち天下に繋りあるを知り、四十以後は即ち五世界に繋りあるを知る」となる。

20世紀最大の歴史学者・歴史哲学者であったアーノルド・J・トインビーも、佐久間象山を高く評価しており、かつて元日本の文部省関係者の訪問を受けた際、「19世紀の中ごろ、日本の佐久間象山は、かのアヘン戦争で清国が敗れて香港を割譲したいきさつを早くもキャッチして、日本国民に警告しているが、当時日本は鎖国で情報機関の乏しい時代に、これは実に驚くべき事実である」と語ったという（『佐久間象山の生涯』前澤英雄　財団法人象山神社奉賛維持会）。

錚々たる人々が象山の門下に

象山が幕末維新期において、存在感を発揮できたのは、儒学・西洋砲術・蘭学に通じた一流の知識人であるのに加え、日本屈指の西洋通であったためだ。西洋事情に通じたのは天保13年（１８４２年）、藩主・真田幸貫が幕府の海防掛に就任した際、顧問に抜擢され、西洋の事情調査を命じられたことによる。

象山はこの調査を通じ、近い将来、欧米諸国による日本侵略があることを見越して、「海防八策」を建言した。幕府が天保の改革に失敗したため、象山の案は日の目を視なかったが、西洋に関する膨大な量の情報が、象山の脳内にインプットされていた。

このような象山だから、嘉永3年（１８５０年）に出府した際、江戸深川の藩邸に「砲術教授」の看板を掲げるや、全国から入門志願者が殺到。翌年には木挽町（現在の東京都中央区）に私塾「五月塾」を開設して、西洋砲術を塾生たちに教授した。五月塾時代も合わせると門下生中には、幕末維新期から明治にかけて名を残す錚々たる面々が含まれる。

○勝麟太郎（海舟、幕臣）
○山本覚馬（会津藩）
○橋本左内（福井藩）

○吉田寅次郎（松陰、長州藩）
○宮部鼎三（熊本藩）
○河合継之助（長岡藩）
○坂本龍馬（土佐藩）
○小林虎三郎（長岡藩）
○武田斐三郎（伊予大洲藩士）

信州にも伝わった ペリーの情報

「欧米列強による日本侵略が起こる」と確信していた象山は、かねてから幕府に対し「オランダから軍艦を購入し、強力な海軍を創設すべき」と建言していた。幕府はこれを「誇大妄想」として顧みなかったが、象山の予言は嘉永6年（1853年）6月3日に現実化する。マシュー・ペリー提督率いる「黒船」4隻が浦賀沖に姿を現わし、第13代大統領ミラード・フィルモアの親書を手に、日本に開国を要求してきたのだ。

　4隻中の2隻は帆船とは異なり、舷側の取りつけた外輪を蒸気機関で回しつつ進む外輪船であった。船体の大きさと航行速度が、見た人に衝撃を与えた。噂は口から口に伝わり、「戦争になるかも…」との危機感も募り、浦賀に近い江戸はむろん、関東は大混乱に陥った。

　混乱の様は「太平の眠りをさます上喜撰　たった四杯で夜も寝られず」という狂歌に余すところなく表現されている。上喜撰とは高級な宇治茶のことで、ペリー艦隊中2隻が蒸気機関で動く蒸気船であることにかけている。「杯」は船の単位だ。真ん中が膨らんでいるので、この呼称で数えることもある。船の杯と茶碗の杯にかけている。「夜も寝られず」という文言に、戦々恐々とする当時の日本人の心情が読み取れよう。

ちなみに、信州にペリー来航という情報がもたらされたのは、来航から3日以内だったという（「なぜ蘭学が本洗馬に根づいたのか」青木歳幸 『人の往来・物の往来』平出博物館ノート12　塩尻市平出博物館所収）。浦賀から信州までは相応の距離があるが、意外なほどに早い。当時の信州人もショックを受けたことだろう。

洋式化されていた松代藩兵

外国艦隊来航の予想を的中させたことで、象山の慧眼が俄かにクローズアップされるや、当人もこれを受け、藩主を通じて幕府に対応策を建言するなど動きを加速させた。勤皇攘夷を奉じる国許家臣の一部が、「世界の大勢から見て鎖国は時代遅れ」として、開国を主張する象山の活躍を快く思わず、象山失脚のため暗躍する一幕もあったが、老中の阿部正弘、勘定奉行兼海防掛の川路聖謨《としあきら》が松代藩主真田幸教にかけあい、事なきを得ている。

嘉永7年（1854）1月、前年渡した国書に対する回答を求めてペリーが再来航すると、幕府は横浜に応接所を設けて、アメリカ使節との協議に応じる旨を決定。応接所の警備を松代藩と小倉藩に命じた。

これを受けて松代藩では、江戸家老の望月主水《もんど》を総督に、象山を軍議役に任じて対応させた。象山の肝いりで藩兵の洋式化を進めていた松代藩は、洋式大砲5門を引く砲隊、洋式小銃を携えた銃隊、近接戦用の刀槍隊などを編成し、2月7日に横浜に向かった。

「小倉より用いて強き真田打」とは、このとき詠まれた落首だ。松代藩が最新鋭の武器を多数装備し、隊列を組んで威風堂々行軍してきたのに対し、小倉藩兵は旧式の火縄銃を携え、隊列も組まずゾロゾロとやってきたのを揶揄したらしい。実際、象山の書簡からアメリカ兵は小倉藩兵をバカにしたが、松代藩兵には何も言わなかったことが記されている。

ペリー提督に会釈された象山

3月14日まで警備期間中、象山は情報収集に精を出したようだ。アメリカが幕閣に贈った贈り物の数々を見、信頼できる知己を米艦に乗りこませ、アメリカ使節一行の挙動に関する情報を聞き…。警備中、前を通ったペリーが象山に一礼して通り過ぎたことがあった。象山が川路聖謨にこのことを話すと、川路が「ペリーに会釈された日本人は、貴殿だけ」と応じた旨のエピソードがある。夫人宛ての書簡中で、得意げに記されているから確かなことだろう。象山は偉丈夫にして眼光炯々、後に象山を暗殺した河上彦斎《げんさい》も語っているように、犯しがたいオーラをまとっている。ペリーも「これは只者ではない…」と感じて思わず礼をしたと推察される。

また、カメラを持つアメリカ人に「写真の種版を作るには、沃土を使うべきか？　臭素が良いか？」と質したところ、「どうして日本人がそんなことを知っているのだ」と仰天したとのエピソードも伝えられている。

マシュー・ペリー提督
（LIBRARY OF CONGRESS蔵）

この交渉により日本とアメリカのあいだで、「日米和親条約」が締結され、下田と箱館の開港が決定される。象山は国防上の観点と、海運上の利便性から「横浜こそ開港すべき」と主張し、実現に向けて水面下で動いたが、結局、下田に決定した。ただ、象山が予想した通り、下田を介しての交易は、日米双方にとって負担が大きかったらしく、安政5年（1858年）の「日米修好通商条約」締結によって横浜が開港されると、6ヶ月後に下田は閉鎖された。

大任を無事果たした象山であったが、このあと運命は一転する。門下の吉田松陰密航事件に連座させられたのだ。象山は松代での蟄居生活を余儀なくされることになる。

象山は世界史レベルの偉人

象山の蟄居中、事態は、

○アメリカ、イギリス、フランス、ロシア、オランダとのあいだで通商条約を締結
○幕府大老井伊直弼による安政の大獄開始
○吉田松陰の刑死
○桜田門外の変勃発
○皇女和宮降嫁による公武合体の断行

と進んでいき、文久2年（1862年）12月、象山はようやく赦免された。じつに9年にわたる蟄居生活であった。

元治元年（1864年）3月、象山は幕府の命令によって京都に入った。政局の中心は江戸から京都に移っており、幕閣や有力大名は京都にいたためだ。

象山は禁裏守衛総督の一橋慶喜（後に江戸幕府最後の将軍となる徳川慶喜）や、薩摩藩国父島津久光ほか、朝廷の有力公家衆たちに時局を説くなどして、国事に奔走した。しかし、7月11日、山階宮邸から自宅に向かう途中、勤皇攘夷の浪士に暗殺された。享年54。

複数の刺客中、致命傷を負わせたのは〝人斬り彦斎〟の異名で恐れられていた肥後熊本藩士の河上彦斎だ。このテロリストは後年、

「人を斬る時はあたかも人形を斬るようなものであった。それだけのことで別に何とも思わなかった。ところが、佐久間象山を斬った時だけは、はじめて人を斬った、という感じがした。それだけではなく、

高義亭

佐久間象山銅像

自分の髪の毛が逆立つような恐怖に襲われた。恐らくこれは、象山が人傑だったせいだろう。以来、殺人剣は振るっていない」

と述懐している。よほど懲りたらしく、剣の腕前は振るわなくなったようだ。彦斎は明治維新後も攘夷一筋であったため、投獄された末に頑迷固陋《ころう》の輩として処刑されている。

生前、「東洋の道徳、西洋の芸術」として、東洋的精神と科学の融合を説いた佐久間象山。科学の時代である今こそ、世界史レベルの偉人として再評価されるべきだろう。

第4章

影響し合う信州と世界

信州史×世界史

世界とつながった近代信州の人とモノ

飯田が生んだ博物館の父

明治維新前、日本は極端に外交を制限した「鎖国」体制を採っていたため、日本と世界の関係は、文化も人も受容するだけの一方通行だった。しかし、明治維新後、日本側にも発信態勢が整ったため、世界と日本の関係は双方向に変化した。この流れのなかで、信州出身の人物や信州の産業も世界とつながり始めた。

日本における博物館の生みの親となった田中芳男は、明治初期に世界と関りを持った信州人の代表格だ。

田中芳男

写真：（出典：国立国会図書館「近代日本人の肖像」(https://www.ndl.go.jp/portrait/)）

芳男は現在の飯田市で天保9年（1838年）、医師田中隆三の3男として生まれている。兄2人が早世したため、家督を継承。長ずるや名古屋に出、尾張藩医でシーボルトに学んだ伊藤圭介に師事し、本草学（中国発祥の博物学）や、オランダ語を修めた。文久に入って、師が幕府から「蕃書調所」（幕府が設置した洋学の研究・教育施設。翻訳事業も行った）出仕を命じられると、これに同行して出府。後には自身も同所に入り、洋書の翻訳・校閲や、日本国内の物産調査などに従事した。

芳男はほどなく、フランスのパリで開催される「パリ万博」に向け、日本国内の昆虫採集を命じられる。自然科学に造詣の深かったフランス皇帝ナポレオン3世が、フランス科学アカデミーや昆虫学会を通じ、幕府に万博での昆虫標本展示を依頼してきたのだ。幕府は蕃書調書で諸国物産調査に当たっている芳男を適任として、昆虫採集を命じたのだった。

命を受けた芳男は、「虫取り御用」の役職名のもと関東・東海でトンボやチョウなどの昆虫を採集。50箱にわたる標本を作るや、これとともにパリに渡った。この昆虫標本は陶器・甲冑・工芸製品とともに展示された。ヨーロッパで知られていない新種の昆虫類が、標本中に含まれていたため、自然科学者のあいだで大変な評判になった。芳男は「フランスの自然科学の発展に多大な寄与をした」との理由で、賞牌授与式の際、銀メダルと銅メダルを授けられた。並みいる表彰者のなかで、2つのメダルを授けられたのは芳男のみであった（『徳川昭武滞欧記録』日本史蹟協会叢書）。

数々の万博を視察

芳男はおよそ10ヶ月のパリ滞在中、セーヌ河畔にあるパリ植物園に頻繁に足を運んだ。フランス国有の同園は、大温室や小動物園、図書館などを併せ持つ自然博物館だった。芳男はこの植物園内の国立自然史博物館で西洋の植物を研究し、帰国の際にはアイリスやサフランの種苗を購入している。

帰国後、政府の実務官僚となった芳男は、理化学専門の高等教育機関『舎味局』の開設に携わり、さらに伊勢神宮の「神宮農業園」の開設にも関わった。明治5年（1872年）、湯島聖堂（東京都文京区）の大成殿で、日本初となる博覧会を開催。この翌年にはオーストリアで開催されたウィーン万博に政府の事務方として出向き、さらに明治9年（1876年）に、アメリカで開催されたフィラデルフィア万博を視察して、サケやマスなどの養殖技術を日本に導入した。

多忙な日々を過ごすなか芳男は、上野公園（東京都台東区　現在の名称は上野恩賜公園）の造成にも着手。フランスのパリ植物園を手本に、動物園・美術館・博物館が併設された、自然豊かな都市公園を作り上げた。公園内にある国立科学博物館の会議室には、芳男の大きな肖像画が「明治初年博物館創設者」として掲げられており、芳男自身、同公園内にある国立博物館の2代目館長をつとめた。

また、殖産興業にも熱心に取り組み、農業・林業・水産業・繊維業の振興に奔走した。さらに植物学者としても活動し、新種の植物を複数発見するなど、八面六臂の活躍をした。

元老院議員・貴族院議員などもつとめた芳男は大正4年（1915年）、それまでの功績から男爵に任じられ、翌年に没した。享年79。飯田市街地には顕彰碑が、飯田市美術博物館敷地内には胸像がある。

田中芳男顕彰碑（上）と銅像（下）

世界に飛躍する信州の蚕糸業

近代世界とつながった代表的信州人が田中芳男なら、代表的産業は蚕糸業だ。これは、

○蚕種＝蚕の卵の製造。蚕蛾に産卵させた紙を「蚕紙（蚕卵紙とも）」と呼び、蚕卵業者が製造した

○養蚕＝孵化した蚕を栽培した桑を食べさせつつ育て、繭を吐かせて蛹の状態にする

○製糸＝繭から絹織物の原料となる生糸を採取する

の3業種からなる農業をいう。信州は標高が高く

て地形は峻嶮なので、大規模な農産品収入は見込めない。このため江戸時代、各藩は蚕糸業を奨励して藩収入に当てていた。

安政5年（1858年）以降、欧米諸国との貿易が開始されると、国内産業に留まっていた蚕糸業は、にわかにドル箱産業へと拡大し始めた。これはヨーロッパでは当時、蚕の多くが「微粒子病」という伝染病に感染し、死んでいたことによる。特にフランスでは、蚕が壊滅状態に追い込まれていた。

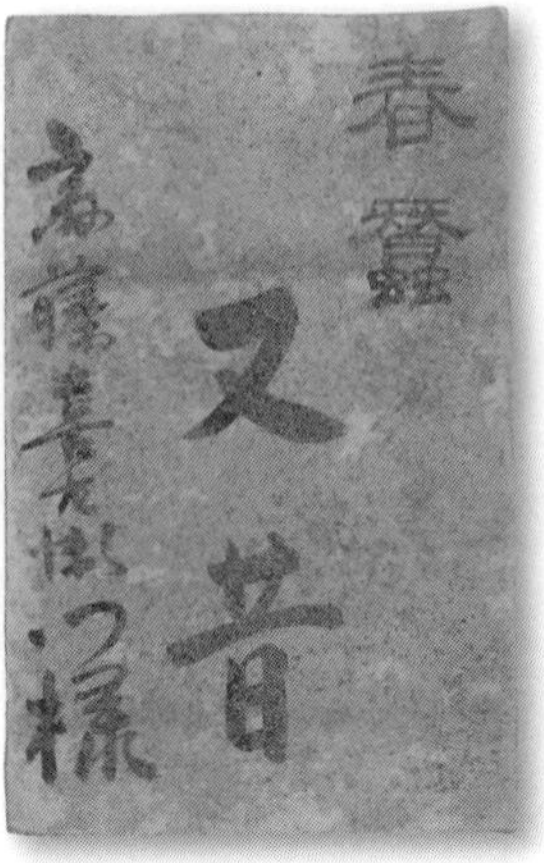
天卵紙（提供：岡谷蚕糸博物館）

この危機的状況に対処すべく、フランス皇帝ナポレオン3世が日本に助力を要請すると、徳川慶喜がこれに応じて、蚕紙15000枚をフランスに供出。フランス側は返礼としてアラビア馬26頭を日本に贈呈するという一幕もあった。つまり、幕末日本の蚕糸貿易は、ヨーロッパ側の事情もあって急拡大したのだ。

信州の蚕糸業も、この世界的動向に乗るかたちで急成長し始めた。信州における蚕糸貿易の初期を牽引したのは、更級郡羽尾村（現在の千曲市戸倉）の大谷幸蔵であった。幸蔵が扱った商品は、蚕の卵を生みつけた蚕紙だ。幸蔵は明治3年（1870年）、蚕紙2万5000枚を携えてイタリアに渡航し、現地で売りさばいた。これ以降、幸蔵はイタリアで大々的に蚕紙商売を継続したため、当時のイタリアでは「ニッポンノダイコクコーゾ」といえば知らない人はいなかったという（『信州の人物 余聞』滝澤忠義ほおずき書籍）。

製糸で急成長する片倉一族

しかし、幸蔵の奮闘をよそに、日本の蚕紙輸出は徐々に減少していく。理由のひとつはヨーロッパで微粒子病が克服されたためだ。原因を特定したのは、狂犬病ワクチン発明者として有名なフランスのルイ・パスツールだ。今ひとつの理由は、品質低下だ。粗製乱造品が多くなり、ヨーロッパの貿易商人たちに忌避されるようになったのだ。微粒子病が克服された以上、品質の悪い日本製品を輸入する理由はない。貿易量の減少は当然のことだった。現地で直に商売をしていることもあり、幸蔵の商品は品質的には問題なかったが、この貿易量減少のあおりを喰って取引量が先細りとなり、やがて廃業に追い込まれた。

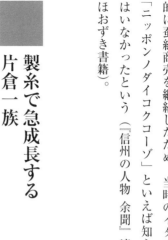

衰退した蚕紙輸出に代わって、生糸輸出が伸び始めると、信州の蚕糸業は「片倉」によって牽引され始める。

諏訪郡川岸村（現在の岡谷市）の豪農だった片倉家は、明治11年（1878年）、川岸村深沢の天竜川沿いの土地に、洋式の製糸工場「垣外製糸場」を開業する。このあと片倉家では、垣外製糸場に先駆けて操業していた一族の製糸場を合併するなどして、製糸場としての規模を拡大させていった。このあと松本などに工場を新説するなどして事業所を増やし、明治中期には、個人経営の製糸場としては、日本最大規模に急成長した。

生糸の量産化と品質の向上

片倉一族は明治28年（1895年）、事業を統括するため「片倉組」を結成すると、東京に支店を開設。これを機に県外進出を本格的に推し進め、同34年（1901年）には、埼玉県の大宮に工場を開設

岡谷蚕糸博物館所蔵の御法川式多条繰糸機

した。

　片倉組の大宮進出を機に、諏訪の有力製糸工場も大宮やその周辺に工場を構えた。これは大宮が当時、日本有数の生糸産地北関東と、生糸を海外に輸出する横浜港との中継地点だったことによる。大正期に入ると朝鮮半島に製糸工場を開設。大正9年（1920年）には、片倉組を発展させるかたちで、「片倉製糸紡績株式会社」が設立された。

　事業の規模を海外に拡大するいっぽうで、片倉は生産性と品質向上をはかるため、技術革新にも積極的に取り組んだ。

　片倉が意を注いだのは、繭から糸を作る作業「繰糸」だ。この繰糸を効率的に行うには、糸を巻き取る速度を早くするか、繰糸機の条数（糸を巻き取る小型の枠）を増やすかのいずれしかない。片倉は「巻き取り速度を早めると品質が低下する」との観点から、「多条繰糸機」に着目する。巻き取り速度は遅いが、多数の条数が設けられているため、品質を損なうことなく、効率的に糸を繰り取ることができるためだ。結果、製糸機械発明家の御法川直三郎が考案した多条繰糸機の研究・開発を積極的に援助し、大正10年（1921年）、「御法川式多条繰糸機」を完成させた。条数が20も設けられたこの繰糸機で巻き取られた生糸は、太さが均一で強度と伸縮力に優れていた。

アメリカを席巻したブランド生糸

この生糸は第一次世界大戦後、アメリカで熱狂的に支持された。アメリカでは女性用のシルクストッキングが大流行しており、片倉で生産された生糸が、ストッキングとして加工するのに適していたためだ。このため片倉生産の生糸はアメリカで、「カタクラ・ミノリカワ・ローシルク」の名称でブランド化された。

この後、アメリカでの人口絹レーヨンや、ナイロンの開発、国際情勢の悪化によって、日本の生糸輸出量は激減。蚕糸業は国内需要を賄うのみにまで落ち込んだ。ただ、片倉は製糸業のかたわら鉱山業、農業、セメント業など多角的経営によって半ば財閥化していたため、屋台骨が揺らぐことはなかった。

太平洋戦争が勃発すると、信州内の製糸工場の多くは軍需工場として、航空機の機体や部品の製造に

片倉館

片倉兼太郎の像が立つ鶴峯公園
（提供：岡谷市観光協会）

従事するようになった。片倉もこのとき「片倉工業株式会社」と社名を変更している。

終戦後、片倉は信州で唯一、財閥として解体対象になるも、組織自体は存続。現在は東京都中央区に本社を置き、不動産・医薬品・機械関連・繊維などで事業展開をしている。

なお、諏訪湖畔に建つクラッシックな「片倉館」は、昭和3年（1928年）に総工費80余万円をかけて建てられた保養施設だ。当初は従業員向けだったが、一般客も受け入れるようになった。現在は諏訪市の文化財に指定されており、市内屈指の観光スポットとなっている。

信州史×世界史

信州を愛した近代の外国人たち

外国人が発見した日本の魅力

明治維新がなって、国の行き来が自由になると、多くの欧米人が日本を訪問するようになり、日本の良さを賞賛した。

彼らが着目したのは、日本の四季や農村風景などだ。すでに幕末期、初代イギリス領事オールコックは、日本の農村風景に感動し、「ヨーロッパにはこんなに幸福で暮らし向きの良い農民はいないし、またこれほど温和で贈り物の豊富な風土はどこにもないという印象を抱かざるを得なかった」と回顧している。

世界初となる旅行代理店創業者で、近代ツーリズムの祖イギリスのトーマス・クックもそうだ。初めて企画した世界一周団体旅行で日本を訪れた際、「豊かな自然の恵み、次第に移り変わって終わることを知らない景観の美しさに呆然」とし、瀬戸内海の風景を「イングランド・スコットランド・アイルランド・スイス・イタリアの湖の最も良いところだけを取って一つにしたほど美しい」と大絶賛した。

イザベラ・バードの記録も見逃せない。このイギリス人女性旅行家は、明治11年（1878年）の6月から9月の間、従者・通訳として雇った日本人とともに、東京―日光―新潟を経て日本海側を旅したあと、神戸・大阪・京都などを訪ねている。とりわけ山形県米沢の農村風景は印象的だったらしく、「アジアのアルカディア（理想郷）である」と激賞した。帰国後に著した『日本奥地紀行』は、本国のイギリスで大ベストセラーとなった。

日本ではこの時期、「富国強兵」「殖産興業」「欧米に追いつけ追い越せ」「文明開化」などの旗印のもと、猛烈な欧化政策を進めており、農村や豊かな自然＝後進と未開の象徴と考えており、見向きもしなかった。そんな日本人に代わって、来日外国人が日本本来の魅力を発見し、発信してくれたのだ。

明治初期の信州でも同様のことが起こった。県をあげて文明開化に邁進するなか、信州固有の魅力を発信したのは外国人だった。

外国人が命名した「日本アルプス」

信州人ならば、ほとんどの人が耳にしたことのある「日本アルプス」という呼称。これは外国人によって付けられた。命名者はイギリス人ウィリアム・ガウランド。鉱山技師にして冶金学の専門家として、明治5年（1872年）から16年のあいだ日本に滞在し、大坂造幣局で技術指導に当たっている。古墳研究でも名を残す彼は日本滞在中、親友で外交官のアーネスト・サトウと、頻繁に登山に出かけ、槍ヶ岳、御嶽山、乗鞍岳、立山に登った。

帰国後、ガウランドは日本での登山経験をイギリス山岳会の例会で紹介する際、登った山々をスイスのアルプスに見立て、「THE JAPANESE ALPS（日本アルプス）」と紹介した。サトウがこの言葉を1881年刊行した『中部および北方日本旅行者案内』中で引用したことで活字化された。この呼称を世界的に普及させたのは、イギリス人宣教師ウェルター・ウェストンだ。明治21年（1888年）に初来日したウェストンが帰国後、『日本アルプスの登山と探検』を刊行し、

○飛騨山脈…富山県・岐阜県・長野県・新潟県の4県にまたがる山脈。標高3190メートルの奥穂高岳が最高峰。

○木曽山脈…長野県内にある山脈。標高2956メートルの木曽駒ケ岳が最高峰。

○明石山脈…長野県・山梨県・静岡県の3県にまたがる山脈。標高3193メートルの北岳が最高峰の3山脈の総称として日本アルプスをヨーロッパに紹介すると、一躍有名になった。

日本では一般的に、飛騨山脈を「北アルプス」、木曽山脈を「中央アルプス」、明石山脈を「南アルプス」と呼んでいる。

このウェストンの勧めで横浜正金銀行（現在の三菱東京UFJ銀行）行員にして、登山家の小島烏水が「日本山岳会」を設立し、日本にスポーツ登山が

普及する基礎を築いた。

ウェストンと上高地

北アルプス観光の中心地で、今や世界的な山岳リゾートとなっている上高地も、ウェストンによって魅力が海外に発進された。

焼岳・前穂高岳・西穂高岳・明神岳など峻嶮な山々に囲まれたこの地は古く、神聖な谷あいの秘境との意味を込め「神河内」「上河内」などと記した。「上高地」の表記が加わったのは、江戸時代後期のこと。混在していた表記は、日露戦争後に「上高地」で落ち着いた。これは同戦争で激戦地となった「二〇三高地」の影響が大きいそうだ。

ウォルター・ウエストンの銅像

明治維新前、上高地の麓は松本藩による森林伐採の場であり、山は信仰対象だった。上高地から登山をした最初の人は、文政11年（1828年）、槍ヶ岳の登頂に成功した播隆上人であったと伝えられる。松本駅前広場には、この山岳宗教者のブロンズ像が立っている。目にしたことのあるかたも多いだろう。

ウェストンが前掲書中で上高地の自然と山岳を絶賛したことにより、上高地が世界的に知られる契機となった。

上高地河童橋（提供：松本観光ライブラリー）

上高地ではウェストンを顕彰する意味で、肖像レリーフとプレートを掲げた区画を作り、夏山シーズンの到来を告げる「ウェストン祭」を毎年6月の第1土曜日・日曜日、レリーフ前の広場で行っている。

なお、ウェストンを讃えているのは、上高地ばかりではない。ウェストンは合計12年にわたる日本滞在中、日本各地を旅している。彼の足跡が残っている場所では、レリーフ、石碑、標柱などを設けて顕彰している。ウェストン研究の第一人者田畑真一氏の調査によれば、信州内を含め計12ヵ所に及ぶそうだ（『知られざるW・ウェストン』信濃毎日新聞社）。

宮崎ウェストン祭（宮崎県西臼井郡高千穂町）、青森ウェストン祭（青森県三戸郡新郷村）、海のウェストン祭（新潟県糸魚川市）など、行事をとりおこなう自治体もある。

寂れた宿場から避暑地へ

日本屈指の避暑地にして、高級リゾート地の軽井沢にも、外国人が深く関わっている。

軽井沢は江戸時代、中山道の宿場町として栄えたが、明治期に入って物流の主流が東海道に移ると衰退を余儀なくされた。この軽井沢に開発の手が入ったのは、明治16年（1883年）のことだ。山梨県出身の実業家・雨宮敬次郎が、火山灰に覆われた土地を開墾して植林を行った。

軽井沢が避暑地として着目されたのは、明治19年（1886年）の夏とされる。カナダ生まれの聖公会（イングランド国教会に属するキリスト教の教派）宣教師アレキサンダー・クロフト・ショーと、彼の友人でスコットランド生まれのお雇い外国人（東京帝国大学文科大学教授）ジェームス・メイン・ディクソンの2人が、長野経由で日本海に向かう途中、現在の南軽井沢の南端に位置する和見峠から、徒歩で軽井沢に登り、スコットランドに似た環境に驚き、翌年から夏の避暑生活を始めたというのが定説だ。ただ、「明治18年には訪れていた」「ショーが先だって訪れ、ディクソンを誘った」「ディクソンが先に

アレキサンダー・C・ショー

ショーハウス（提供：軽井沢観光協会）

訪れ、ショーを誘った」などの諸説がある。
　日本列島の真夏は亜熱帯気候で蒸し暑いのに対し、当時のヨーロッパは真夏でも20度を超えない。いずれの説をとるにしても、日本の暑さに辟易していた彼らが、軽井沢の冷涼な気候に魅了されたことは間違いなかろう。ショーは、「屋根のない病院」と軽井沢を讃えたという。

萬平（現万平）ホテル

　軽井沢での避暑生活が本格的に始まると、ショーは別荘を建て、ディクソンは旅籠「亀屋」の主・佐藤萬平が所有する離れを借りて過ごした。佐藤宅に国三郎が養子として入ると、ディクソンは彼に牛や羊の乳からバターやミルクを作る方法、西洋式の生活洋式などを教え、軽井沢でのホテル経営を勧めた。これにより明治28年（１８９５年）、軽井沢最初の洋式ホテル「萬平ホテル」（後に万平ホテル）が開業した。
　当時の軽井沢は土地の値段が安かったこともあって、ショーが別荘を建てて以降、別荘を建ててひと夏を過ごす外国人が急増。鉄道が開通して交通の便が良くなると、日本人のなかにも軽井沢に別荘を建てる人が現れ始め、軽井沢は日本人のあいだでも、避暑地として知られるようになった。その結果、明治39年（１９０６年）には、１９９２人の避暑客が訪れた。日本人は１１４０人、外国人は８５２人。外国人の内訳はイギリス人４０１人、アメリカ人３３７人、ドイツ人74人、オランダ人11人、フランス人５人、スペイン人３人。明治34年（１９０１年）

の絵地図には、約60軒の別荘ホテルが英語交じりで書かれているそうだ（『軽井沢ものがたり』桐山秀樹・吉村祐美・宮下常雄　新潮社）。

洋の東西が融合した町

日本人と外国人の交流も親密だった、野外コンサート、野外演劇が日を決めて行われ、テニス部、野球部、社交遠足部、少年運動部などのスポーツクラブも組織された。

このうちテニス部は、軽井沢合同基督教会（ユニオンチャーチ）のかたわらに8面のコートを敷設。日曜日以外は朝9時から夕方6時まで開放され、多くの避暑客が優雅にテニスを楽しんだ。野球部は町の西方に設けたグランドを練習場とし、東京の大学チームと試合をすることもあったという。社交遠足部は軽井沢周辺で、ピクニックや登山、高原植物の採集を楽しんだ。

キリスト教の信仰も盛んに行われ、毎週日曜日朝9時から、合同基督教会内で紳士淑女が祈りを捧げた。教会の裏手にある諏訪神社の境内は、外国人避暑客に人気のスポットで、ダンスに興じる姿などが見られたそうだ。

日本有数の高級リゾート地たる軽井沢。東洋と西洋の融合のうえに誕生したこの町には、独得の文化が根づき、現在も国内外を問わず多くの人たちを魅了してやまない。

信州史×世界史

日露戦争を戦った信州人

長野縣護国神社と日露戦争

松本市美須々に鎮座する長野縣護国神社は、戊辰戦争から第二次世界大戦まで、国難に準じた信州の英霊たちを祭る社だ。護国神社の前身となる招魂社は、明治・大正期、各地に鎮座していたが、日清・日露の両戦役での戦死者の御霊を祭るため、昭和9年（1934年）、全県的な社の造営が計画され、この地に鎮座するようになった。

社殿造営のきっかけとなった日露戦争とは、明治37年（1904年）2月から翌年の9月にかけて、帝政ロシアと戦った戦争をいう。「大日本帝国」を自称していた当時の日本は、約110万人の兵力を動員し、死傷者20万以上という甚大な被害を受けながらも、奇跡的に勝利を収めた。

あえて「奇跡的」としたのには理由がある。近代国家になったばかりの日本とロシアでは、国力に差がありすぎたからだ。当時のロシアの歳入が20億な

長野縣護国神社

のに対し、日本は2億5000万円、陸軍常備兵力はロシアが200~300万人なのに対し、日本は20~25万人。海軍力はロシアが80万トンなのに対し、日本は26万トン。文字通り「けた違い」であり、軽量級のアマチュアボクサーが、ヘビー級プロボクサーに勝負を挑むようなものだった。このような無謀な戦争はやらないのが得策だ。しかし、当時の日本には、戦争不可避の理由があった。一か八かでも干戈を交えなければ、日本が滅亡する可能性があったためだ。

南下政策をとるロシアは、日本には北方の脅威であり、幕末期はむろん、明治に入ってからも動向に神経を尖らせていた。たとえば、明治5年（1872年）6月の『郵便報知』7号は、以下のような記事を掲載している。

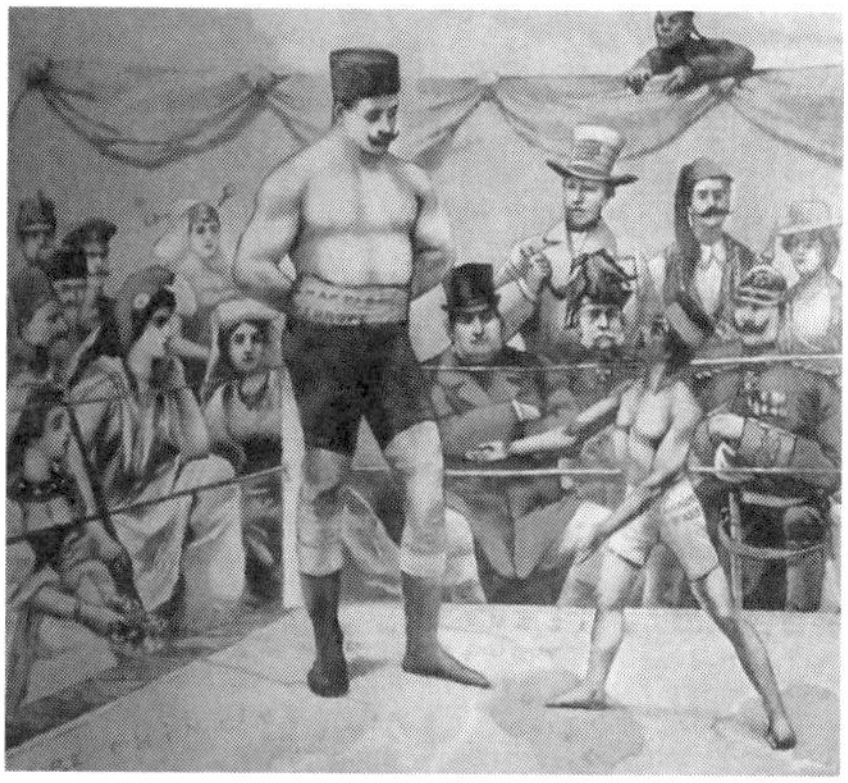

仏紙に掲載された日露戦争の風刺画

「朝鮮国の北部地域で大飢饉が発生し、同地域の人民の多くがロシア国内に流入した。朝鮮国政府は流入人民の返還を求めたが、ロシア政府はこれを了承せず、流入民中年少者を西シベリアの都市に送って教育を受けさせ、後日に役立てる算段とのこと。また、流入民のあるものはロシアの首都に送られたという。これはロシア政府が南下政策の下準備のため、朝鮮から流入民を利用する意図ありてのことと推測されている」

武力で植民地を獲得する帝国主義

同年9月の『郵便報知』17号には、「帝国魔手を伸ばして満州へ侵入」というタイトルのもと、ロシアが極東部に港湾都市ウラジオストックを建設する旨を報じ、「この場所が開港されたら、東満州最大の都会となり、アジア最大の港となることは確実」として、ロシアが極東地域に一大拠点を築くことに対して、注意を喚起している。

日本がかくも警戒感を募らせたのは、世界の当時の趨勢が「帝国主義」であったためだ。これは武力を背景に、あるいは実際の武力行使によって他国を侵略し、植民地化して自国の版図を拡大する国のありかたをいう。

アジアやアフリカなどの諸国は、ほとんど植民地化されており、東アジアで独立を保っているのは、日本と朝鮮国くらいであった。ロシアが南下政策を推し進めて、朝鮮半島が植民地化された場合、日本にはロシアの日本列島侵攻を食い止める力はなかった。

対して日本は、日清戦争での勝利を機に、朝鮮半島を保護下に置き、ロシアの南下を食い止めようと外交交渉を重ねた。しかし、ロシアの朝鮮半島進出の動きは止まらない。これを阻止するには、武力で押し返すしかなかった。このため日本は圧倒的戦力差を顧みず、ロシアとの戦争に踏み切ったのだ。局地戦の一敗はおろか、引分けすらも許されない、全戦全勝が絶対条件という厳しい戦いであった。

旅順攻略と信州人兵士

日露戦争に従軍した信州の軍人は、28000人にのぼった。県内で徴兵された兵士は、第一師団に属する高崎第十五聯隊、東京第三聯隊などに入隊した。このうち信州人を含む第一師団は、乃木希典大将指揮下の第三軍に編入され、旅順へと向かった。

旅順とは中国は遼寧省の遼東半島西南端にある大連市の一地区だ。南に開く狭い湾口を持った天然の良港であり、中国では古くから、海上交通の要衝であった。

清時代末期、旅順は清国北洋艦隊の基地となっており、要塞化されていた。日清戦争が勃発すると日本側は、第一師団を差し向けて旅順攻略に当たらせた。「堅固な要塞」と喧伝されていたにも関わらず、日本軍は1日でこれを制圧。攻略の中核となったのは、歩兵第一旅団であり、旅団長は乃木希典少将だった。

日清戦争終結後の三国干渉により、遼東半島を租借地としたロシアは、要塞を近代化したうえで、ウラジオストクのロシア太平洋艦隊を旅順に移した。

この旅順攻略は、第三軍に託された。前回の功績を買われてのことだ。しかし、日清戦争時と異なり、旅順要塞の強化は著しく、計3度に及ぶ総攻撃は、夥《おびただ》しい数の死傷者を出して失敗に終わった。ここに到って乃木司令官は、攻撃目標を「二〇三高地」に変更するのだ。

この旅順の北方一面には、標高は低いが、険しい山が連なっており、1本の谷が山々のあいだをぬうように走っていた。二〇三高地はこの山のひとつであり、標高203メートルであることから、この名前で呼ばれた。山の頂きからは旅順港を一望することができた。

壮絶なる二〇三高地攻防戦

第三軍をあげての二〇三高地攻撃が開始されたのは、明治37年（1904年）11月26日のことだ。しかし、激しい砲撃後、歩兵が突撃する日本軍。しかし、二〇三高地のロシア軍陣地は強化されており、前進

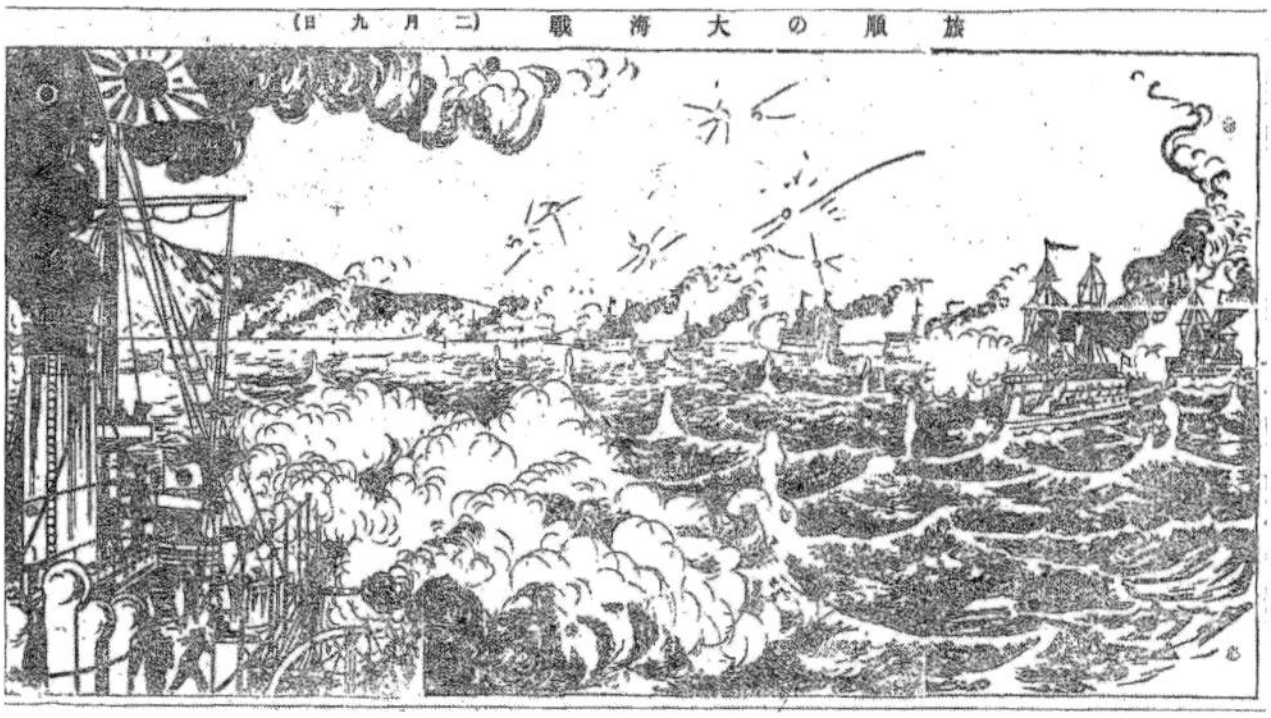

信濃毎日新聞が報じた旅順の大海戦（明治37年3月8日付）

が極めて困難だった。

同月30日、日本軍は早朝から激しい砲撃を二〇三高地に浴びせ、歩兵が突撃をかけた。対してロシア側も陣地を死守して退かない。それでも日本軍はじわじわと前進を続け、二〇三高地を占領することに成功する。12月1日の着電は以下のように伝えている。

「午後5時ころ二〇三高地西南部に向かいたる部隊は突撃を強行して、嶺頂（山頂のこと）下約30メートルに肉薄し、午後7時増援部隊とともに嶺頂に向かい突入して之を占領せり。その東北部に向かいたる部隊もまた突撃を実施し、午後8時二〇三高地全部を我有（確保すること）とせり。この高地の東側には敵の死屍累々として、まだその数を調査するに暇あらず」

しかし、ほどなくロシア側の激しい反撃を受け、日本軍は占領した二〇三高地から後退を余儀なくされてしまうのだ。再び山頂を確保すべく、猛攻撃をかける日本軍。これに抵抗するロシア軍。敵味方入り乱れて、寸土を奪いあう血みどろの戦いが続いた。

2278人の信州人が犠牲に…

12月5日早朝、日本軍はすべての大砲を投入して、二〇三高地への砲撃を開始。次いで歩兵が突撃をした。ロシア側の抵抗も激しかったが、夕方までには山頂を占領し、ロシア軍の反撃も退けて、旅順砲撃のための観測所を設置した。二〇三高地を確保したことで、旅順港は丸見えとなった。日本軍は直ちに、港内に停泊している艦艇に向けて砲撃を開始し、11月中旬までには、ロシア太平洋艦隊を壊滅に追い込むのである。

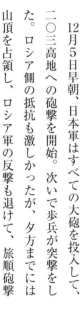

こうして二〇三高地を得たことで、旅順を巡る戦いは日本側の勝利に終わった。しかし、それは余りにも代償が大きいものであった。日本軍は11月26日から、戦闘終結のあいだに約6万4000名の兵員を投入した。このうち5052名が戦死し、1万1884名が負傷した。合計で1万6936名。10日間に出した損害としては、まさに桁外れだった。

このあと日本軍は奉天大会戦でロシア軍を押し戻し、連合艦隊がロシアのバルチック艦隊を日本海海戦で壊滅に追い込んだ。こうしたなかロシアでは革命が勃発して、戦争の継続が困難になる。結果、アメリカ合衆国大統領セオドア・ルーズベルトの仲介により、講和が結ばれた。まさに日本の辛勝であった。

日露戦争では2万2278人の信州人が、戦死・戦病死によって犠牲になった。戦死者は戦死状況を添えて遺族に伝えられ、遺骨が帰ると各地で町村葬が行われた。

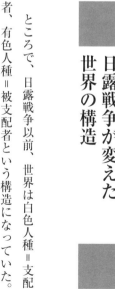

日露戦争が変えた世界の構造

ところで、日露戦争以前、世界は白色人種＝支配者、有色人種＝被支配者という構造になっていた。これは白色人種国家が有色人種国家に植民地を建設し、支配していたためだ。

当然ながら憤懣が募るばかりだったが、武力、産業、政治体制などで余りに差がありすぎ、支配を受け入れるしかなかった。しかし、日露戦争での日本勝利は、有色人種たちに「我々でも白人に勝てる」との覚醒をもたらした。

このため植民地化されていた国々で、民族運動が盛んになった。民族運動結社が林立していた中国の

清朝では、孫文が結社の大同団結を実現し、「中国同盟会」が組織された。

フランス領インドシナ（現在のベトナム）は、ファン＝ボイ＝チャウが、青少年を日本に留学させるドンズー（東遊）運動を始めた。

インドでは、国民会議による反イギリス運動がさらに高揚し、１９０６年のカルカッタ大会で、「自治獲得」「英貨排斥」「民族教育」「国産品愛用」の４綱領が採択され、イランで立憲革命、トルコで青年トルコ革命が起こり、オランダの植民地インドネシアでも、サカレト＝イスラム（イスラム同盟）が組織された。

帝国主義下で固定化されつつあった世界構造は、日本の日露戦争での勝利により、大きくターンを切った。発展著しい現在の東南アジアの姿は、日露戦争を機に世界の構造がおおきく変わり始めたことを物語る。

日露戦争を戦った信州人。生き延びた人、英霊となった人、彼らは等しく、戦争以降の世界史的動向に関わっているのだ。

信州史×世界史

登戸研究所の信州疎開と世界史の闇

陸軍の秘密戦研究機関

太平洋戦争も末期の昭和20年（1945年）3月～5月にかけ、登戸《のぼりと》研究所が東京から信州各地に疎開してきた。登戸研究所といわれても、ほとんどの方が「?」だろうから、先ず、この研究所について説明をしたい。

同研究所の正式名称は第九陸軍技術研究所。研究開発していたのは秘密戦兵器や資材だ。秘密戦とは謀略・諜報・防諜・宣伝など、今日でいうスパイ戦のこと。研究と開発内容を決して他に知られてはいけないため、正式名称ではなく、研究所のある地名を冠して、「登戸研究所」という秘匿名で呼ばれていた。日中戦争から太平洋戦争に到るアジア太平洋戦争における秘密戦の中核を担っており、同研究所の存在は戦前日本ではウルトラシークレットであった。

研究所は総務科から第1・第2・第3・第4の計

本土決戦に備え
疎開した各研究機関

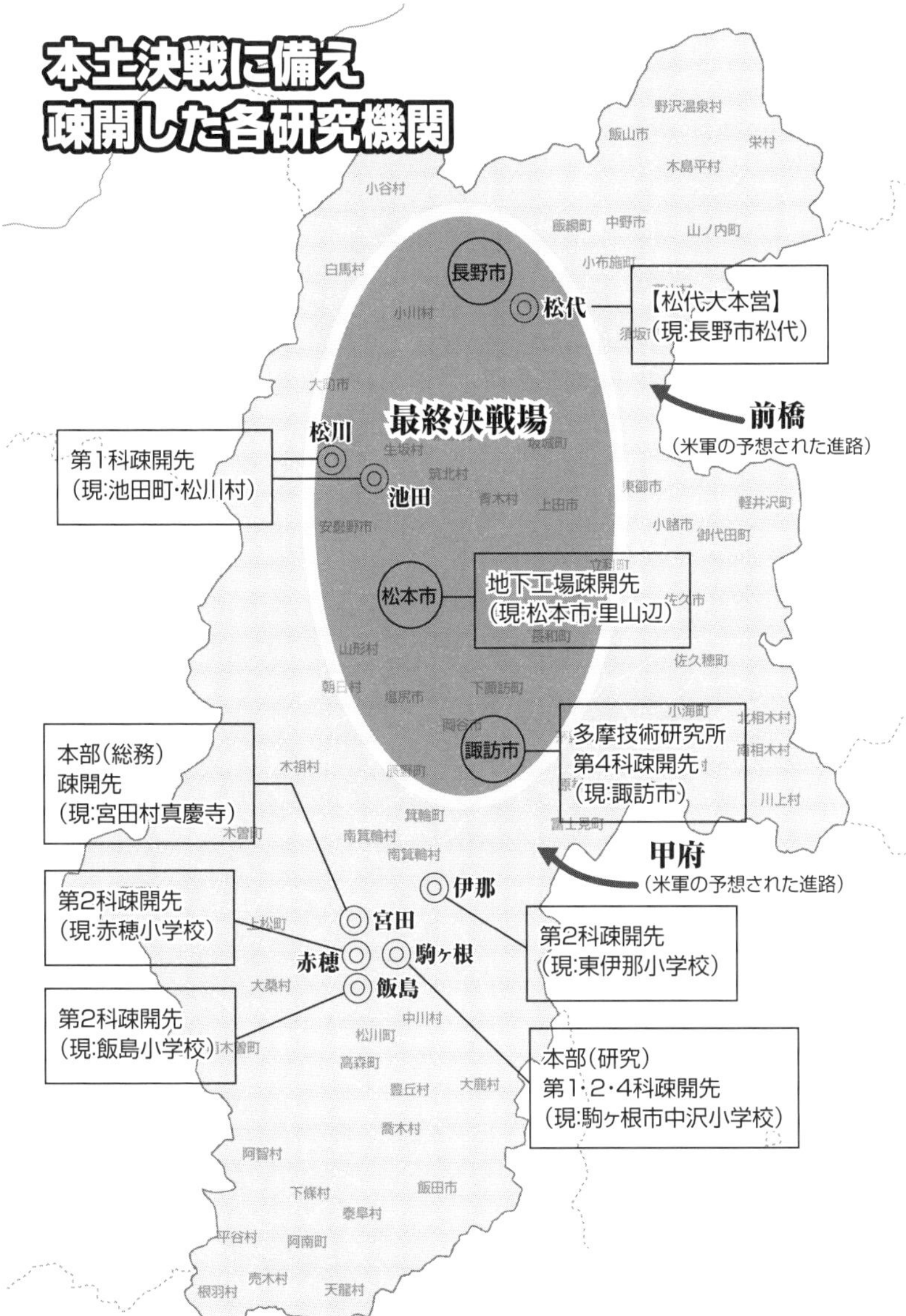

『消された秘密戦研究所』(木下健蔵)信濃毎日新聞社刊を基に作図

5科によってなっていた。信濃毎日新聞社刊行の『消された秘密戦研究所』（木下健蔵著）により、各科の業務内容を記すと以下のようになる。
○総務科…研究・運営に関する総務全般
○第1科…風船爆弾（ふ号）・怪力光線（く号）・謀者用無線通信機・宣伝用自動車（せ号）・電話盗聴器など物理関係全般
○第2科…秘密インキ・秘密カメラ・毒薬・細菌・特殊爆弾・時限信管など化学全般
○第3科…経済謀略資材・偽造紙幣・印刷関係資材の調査研究と製造・偽造書類・偽造パスポート・各種証明書の偽造など印刷関係全般
○第4科…第1及び第2科が研究開発した器材を実用化するための最終実験と製造工場の管理運営及び陸軍中野学校の指導など。

第4科の最後に出てくる陸軍中野学校とは陸軍のスパイ養成機関であり、諜報・防諜・宣伝など秘密戦に従事する人材を育てた。

なお、戦争が終結してもなお、フィリピンのルバング島に潜伏して戦い続けた小野田寛郎旧日本陸軍少尉が、ゲリラ戦のエキスパートを育成する陸軍中野学校二俣分校の出身であったことは良く知られている。

代表的兵器は風船爆弾

登戸研究所で研究開発された秘密戦兵器について

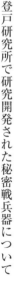

見てみよう。筆頭ともいうべきはやはり「風船爆弾」だ。これは文字通り、風船に爆弾を吊るして発し、気流の力を利用してアメリカ本土に届かせ爆発させる兵器になる。

この爆弾は昭和19年（1944年）から翌年にかけ、千葉県や茨城県など東関東の海岸線から9300発が発せられ、1000発以上がアメリカ本土に届いた。オレゴン州ではこの爆弾によって6人が死傷した。日本が唯一成功したアメリカ本土空爆だ。

この風船爆弾の研究開発に携わったのが、登戸研究所第1科だ。戦争末期、登戸研究所敷地内では、巨大なクラゲと思しき物体が空中を浮揚する光景が見られたそうだ。風船爆弾実験最中の光景と推定できよう。

風船爆弾という牧歌的な名称も相まって、「風船に爆弾を吊るした単純兵器」とイメージされやすい。しかし、内容さほど単純でなく、当時としては極めて高い技術の粋が結集されていた。先ず、素材。風船本体はたいていゴム製をイメージしよう。しかし、ゴムでは9000キロメートルも離れたアメリカ本土に飛ばすうえで難点があった。本体内に満たした水素ガスが漏れて、途中で墜落してしまうのだ。このため研究の結果、和紙をこんにゃく製の糊で貼りつけて、水素ガスを本体内部に注入する方法が採られた。こんにゃく製の糊は気密性に優れており、ゴム製本体よりガス漏れが少なかったそうだ。

夜間飛行への対処も計られた。日本本土からアメリカ本土まで、飛行に必要とする日数は2昼夜半。昼間は気温上昇によって飛行できても、夜半には気温低下により飛行高度は下がる。高度が下がり続ければ海中へ落ちてしまう。ここで対応策として採られたのが、飛行高度を自動的に維持するシステムの装備だ。砂袋を複数個ぶら下げておき、気圧が一定以上下がると砂袋が自動的に落下。気球を浮上させる装置が取りつけられていたのだ。発想的には今日の自動制御システムに相当しよう。この一事をもってしても、風船爆弾が当時の技術の粋を結集して作られたことが分かる。

精巧すぎて失敗した偽札

第3科では偽造紙幣製作を大々的に行った。とくに昭和17年（1942年）には、陸軍が香港の紙幣印刷工場を掌握したのを機に、類のない規模で実施された。日中戦争で交戦中の中国市場に膨大な偽札を流通させることで経済的混乱を誘発し、中国側を経済的に疲弊させる作戦に出たのだ。しかし、精巧すぎたのが仇となった。偽札は「偽札だ！」と看破されてこそ意味がある。ところが、余りに出来栄えが良すぎたため、誰1人として偽札と気づかず、流通し続けたという。

このほかにもレーダー兵器たる「ち号兵器」、熱線を利用した「ね号兵器」などの開発が試みられた、また、万年筆型の毒物注入器、缶詰爆弾、傘型の火炎放射といった現代のスパイ映画も顔負けの携行武器研究もなされていた。

登戸研究所の研究費は、陸軍の所有する計10ヶ所の技術研究所中で約18パーセントを占めていたそうだ。戦前の金額にして650万円。経費面から陸軍が如何に、登戸研究所に戦局打開の期待を寄せていたかが分かる。

昭和19年（1944年）9月、東京空襲の激化を浮けて、登戸研究所の地方疎開が決定。これにより同研究所が信州にやってくるのだ。

北安曇で怪力光線研究

信州では北安曇郡の池田町と松川村に第1科が、上伊那郡宮田村に本部（総務部）が、駒ケ根市に本部（研究部門）・第1科・第2科・第4科が、上伊那郡飯島町に第2科が疎開し、秘密戦の研究を継続した。

このうち北安曇郡に来た第1科は「北安分室」と呼ばれた。他の疎開先の施設がすべて借り上げなのに対し、北安曇では研究室2棟が建てられ、4つの班に分かれて、

○飛行中の飛行機を撃墜するための電波誘導ロケット砲の研究と開発

○強力超短波の電波発信装置と、この電波を飛行機に照射するための装置
○ロケット砲の研究と開発
○ロケット砲に電波受信装置を組み込み、電波誘導によって飛行機に命中させるための装置の研究と開発が行われていた。

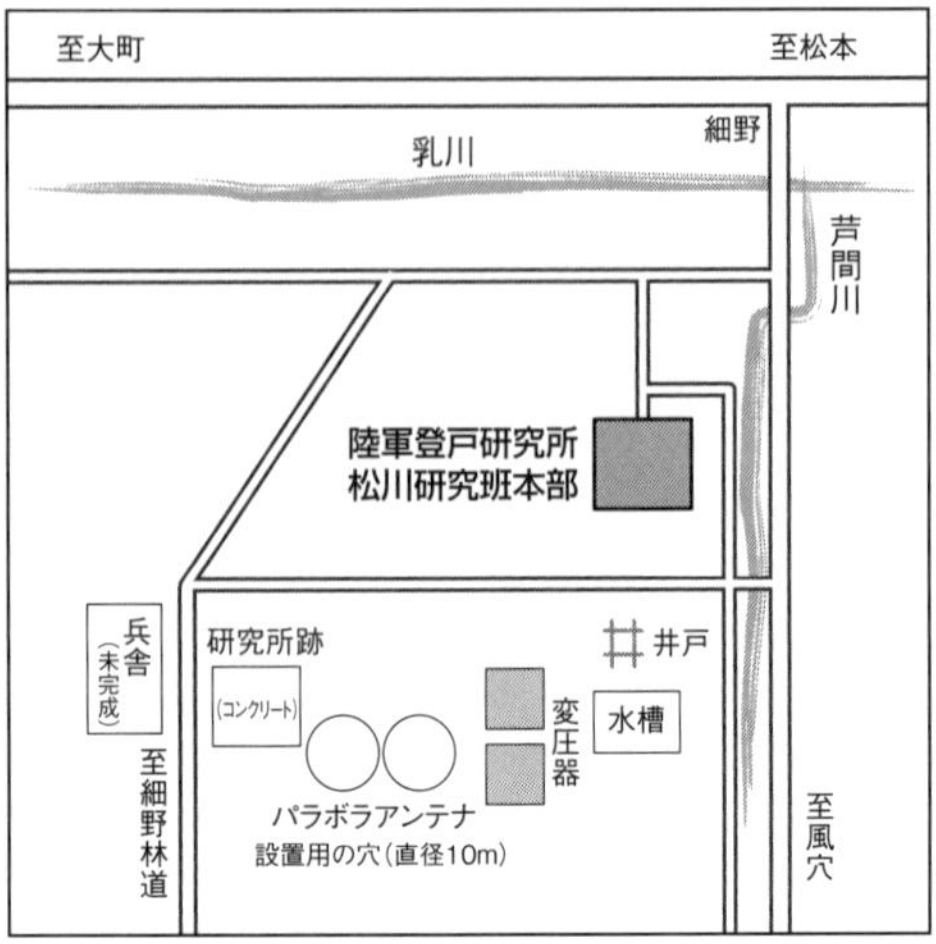

松川村神戸原地区における陸軍登戸研究所の配置図
（『消された秘密戦研究所』（木下健蔵）
信濃毎日新聞社刊を基に作図）

強力超短波について、陸軍の兵器行政本部の資料は、「超短波ノ強力発振勢」と記す。超短波を使用した強力な電波により、対象物を破壊する研究になろう。今日、「怪力光線」の名で知られている研究だ。この光線開発が「く号」と呼ばれるのは、「怪」を戦前は「くわい」と発音したことに由来している。

この奇想天外にして非実用的兵器の研究は、松川村の神戸原で行われていた。この地区は現在でも「登戸」と呼ばれているそうだ。

上伊那で語り継がれる痕跡

上伊那では学徒の動員が行われ、缶詰爆弾用のブリキの型抜き作業などに従事している。場所によっては、1日の動員に応じて1円の支給があったという。また、動員されてきた学徒が、誤って毒入りチョコレートを食べてしまい、軍関係者が慌ててこの生徒の胃を洗い、事なきを得たという話もある。

北安曇では地名に痕跡を留めるだけだが、上伊那では学徒動員が行われたため、人々の記憶に痕跡を留めており、地域住民による継承活動が盛んだ。最近では、令和3年（2021年）12月、地元有志団体「登戸研究所調査研究会」が、駒ケ根市東伊那で現地調査会を開いた。また、赤穂高校平和ゼミナールも、登戸研究所の記憶継承に取り組んでいる。

貯蔵庫があったとみられる場所を調べる地元有志の研究会

昭和20年（1945年）8月、日本はポツダム宣言を受諾し、無条件降伏をする旨を決定。同決定は同月15日、昭和天皇のラジオを通じた玉音放送により日本国民に周知された。ここに日本軍の組織的抵抗は終結するのだ。

登戸研究所と世界史の闇

戦争終結が確実になるや登戸研究所は、陸軍中央の命令で証拠を隠滅。玉音放送後、信州で解散式を行った。研究所施設は同年10月、アメリカ軍によって接収された。東京の研究所跡地はしばらく空地となっていたが、昭和25年（1950年）に明治大学が跡地の一部を購入し、現在に到っている。

キャンパス内には「明治大学平和教育登戸研究所資料館」が建てられ、かつてこの地に秘密戦研究所が存在したことを今に伝えている。

ところで、極東軍事裁判において登戸研究所の技術将校たちは、誰一人として戦争犯罪に問われていない。そればかりか戦後、登戸研究所のメンバーがアメリカ軍で働いていた事例は少なくないそうだ（『軍都東京 占領下の東京 戦前・戦中・占領期の「東京の記憶」をたどる！』洋泉社ムック）。東京大空襲の際にも、登戸研究所は空爆されなかった。秘密

信濃毎日新聞

東京裁判 世紀の断罪ここに下る

東條ら七名に絞首刑

終身禁錮は木戸ら十六名

東京裁判の終幕を伝える信濃毎日新聞
（昭和23年11月13日付）

戦研究の最前線であるにも関わらず…。戦後、徹底的な証拠隠滅がはかられたため、今なお全貌が不明な点もさることながら、すべてが不問にふされた事実は怖い。

信州内に残る陸軍登戸研究所の痕跡からは、世界史の〝闇〟が垣間見える。

信州史×世界史

世界に名をとどろかせた2人の信州人パイロット

松本市笹部に飛行場があった

信州には世界に名をとどろかせた2人のエースパイロットがいる。ひとりは現在の安曇野市出身の飯沼正明、今ひとりは上水内郡小川村出身の西沢広義だ。前者は昭和12年（1937年）、朝日新聞社所有の航空機「神風」号を操縦し、東京―ロンドン間飛行の世界最速記録を樹立した民間航空パイロット。後者は「ラバウルの魔王」とアメリカ軍から恐れられた、日本海軍の戦闘機パイロットだ。

飯沼正明は大正元年（1912年）、旧南穂高村（現在の豊科南穂高）に、農家の5男として生まれた。この人が民間航空パイロットとなった理由は、その手記に記されている。

「小学校五年生の頃、隣町の出身で今松本にいる長谷川飛行士が、サルムソンで飛んで来て旋廻しているのを教室の窓から眺めて、急に飛行機が好きになってしまった」

手記中の長谷川飛行士とは、松本で民間航空パイロットとして活躍していた、長谷川清登（旧姓は中野）のことだ。旧豊科町出身の長谷川清登は、大正10年（1921年）、埼玉県所沢の陸軍航空学校で、フランス航空教育団から、サルムソン二Ａ二型の操縦法を学んだ。同機は第一次世界大戦で、フランスが主力偵察機として使った機体だ。大正期の日本は航空後進国だったため、外国製の機体を用いて、外国人パイロットに指導を仰いでいたのだ。

飯沼正明飛行士

一等飛行機操縦士の資格取得後、長谷川清登は陸軍航空学校教官を2年つとめたあと、民間飛行家に転身。同13年（1924年）4月12日、陸軍から払い下げられたサルムソン二Ａ二型で、岐阜県の各務原飛行場を飛び立つと、郷里の豊科上空を凱旋飛行したあと、松本五〇連隊の練兵場に着陸した。松本市民はこれを大歓迎で迎えたという。

同年、松本の長谷川家の養子となるや、代議士・県会議員・松本市などによる後援会が発足。松本市は笹部に約1万5000坪の土地を購入し、県内初となる飛行場を開設し、使用権を彼に与えた。こうして大正期の信州松本に、日本初となる個人飛行場が誕生したのだ。

長谷川清登はこの飛行場を拠点に、民間飛行家として活躍。山岳遭難救助のための飛行、軍や省庁の要請を受けての黒部川上流域の航空写真撮影、飛行機と航空技術に関する啓蒙活動などに従事した。しかし、昭和9年（1934年）9月、室戸台風によって所有の航空機8機と格納庫を失ってしまい、民間飛行家としての活動は縮小を余儀なくされた。

航空機は情報伝達手段

長谷川清登が華々しく活躍している最中の昭和6年（1931年）、飯沼正明が所沢の陸軍航空学校に入学した。

昭和初期、民間航空は逓信省が管轄し、毎年4名の民間パイロットを採用するため、毎年1月に採用選抜試験を行っていた。飯沼正明が合格した年の志願者は127名。じつに狭き門であった。ここで8か月の訓練を受けた飯沼正明は、卒業して二等飛行機操縦士となるも、当時の民間パイロットは就職先が限られている。仲間たちが陸軍パイロットになるのを横目に、教官助手をしながら飛行時間を増やし、昭和7年（1932年）には一等飛行機操縦士となり、朝日新聞航空部に入社。念願だった純民間のパイロットとなった。

新聞社の航空部と聞くと違和感を覚えるかも知れないが、今ほど伝達手段進んでいなかった昭和初期、航空機こそはニュースを最速で伝えるのに不可欠な情報伝達手段だった。このため各新聞社は航空機を所有し、社員としてパイロットを抱えていた。彼らは「1分1秒でも早く」という使命感のもと、情報運搬速度を競い合っていた。また、航空機が最新鋭の乗り物ということもあり、民間所有の機が親善飛行をする機会も多かった。こうしたなか飯沼正明は、メキメキと頭角を現していった。

昭和9年（1934年）には、大阪―北京間2000キロの北京親善訪問飛行に成功。昭和10年（1935年）に起きた台湾大地震の際には、東京―台北間を10時間31分で飛び、報道通信飛行で新記録を樹立した。

東京―ロンドン間を100時間以内で

ところで、この時期、ヨーロッパ航空界では、「フランスのパリと極東の東京を100時間で飛ぶ」という目標が真剣に追及されていた。著名な飛行家が幾人もチャレンジしていたが、目標は達成できないでおり、どの国の誰が最初に目標を達成するのか？は、世界の航空界の関心の的であった。

朝日新聞社はこの動きに乗るかたちで、昭和12年（1937年）元旦、「亜欧連絡記録大飛行」を発表する。東京―ロンドン間1万5357キロを100時間以内に飛ぶというのだ。ロンドンが最終目的地に設定されたのは、イギリス国王ジョージ6世の戴冠式祝福を兼ねた親善飛行であったことによる。

極東からヨーロッパへの飛行ルートは未開拓だが、親善目的を掲げている以上、失敗は許されなかった。同年４月６日、飯沼正明操縦士、塚越賢爾機関士を乗せた、朝日新聞社の「神風号」は、東京郊外の立川飛行場を飛び立って、イギリスの首都ロンドンに向かった。

同機は純民間機であったが、生産には陸軍が関わっており、陸軍高速偵察機（後に九七式司令部偵察機として正式採用）の試作２号機であった。中島飛行機製のエンジンを搭載した最新鋭機で、試験飛行の段階において、高度４４００メートルで時速４８０キロを記録していた。世界における最新鋭機の速度が、時速４１０キロだった当時にあって、世界レベル以上の航空機であった。

飯沼飛行士の「神風号」がデザインされた切手（2000年）

神風号は途中11回給油し、東南アジアのビエンチャン、アラビア海沿岸の港湾都市カラチ、ギリシアのアテネで３泊し、現地時間４月９日午後３時30分、ロンドンのクロイドン飛行場に着陸した。所用時間は94時間17分56秒。日本初の航空世界記録の樹立だった。

日本のリンドバーグの称号

記録樹立後、両人は朝日新聞社社長のメッセージを携えて、ベルギー、ドイツ、フランス、イタリア4か国の首都へ親善飛行を行った。ベルギーでは国王レオポルド3世に謁見し、ドイツでは空軍総司令官ヘルマン・ゲーリングに迎えられ、イタリアではイタリア皇帝やローマ法王にも謁見し、首相のムッソリーニと会見した。訪問した先々で勲章も授けられ、日本人としてはこれ以上ない大歓迎を各国で受け、国際親善の役割も充分に果たし、同年5月21日に凱旋帰国した。

日本人初の快挙を果たした両人を人々は、歓喜をもって迎えた。帰国翌日には昭和天皇に謁見。林銑十郎首相主催の午餐会に招かれ歓待を受けた。また、全国各地でも次々と盛大な報告会が行われた。飯沼正明が故郷の南穂高村に報告するため、塚越賢爾と松本駅に降り立った際には、数万の群集が松本駅前に押し寄せたという。この壮挙により両人には、勲

亜欧連絡記録大飛行に成功した
飯沼飛行士と塚越機関士

六等旭日単光章が贈られた。

　世界の航空界に不朽の足跡を残した飯沼正明であったが、太平洋戦争開戦直後の昭和16年（1941年）12月11日、フランス領インドシナカンボジア州プノンペンで戦死した。享年29。また、塚越賢爾も

飯沼飛行士記念館（上）と、記念館の展示物

戦争の最中、作戦行動中に行方不明となり、戦死と公表された。
　安曇野市豊科南穂高にある「飯沼飛行士記念館」は、飯沼正明の功績を讃えて、全国の賛同者、旧豊科町、朝日新聞社の支援で、明治9年（1876年）築の元生家に建設された。白壁と瓦葺きの外観が当時の面影を残す館内には、写真や当時の新聞記事、遺品、手紙などが展示されている。
　施設を管理する飯沼成昭氏から、神風号による亜欧記録連絡大飛行は、アメリカのスミソニアン協会が管理運営する国立航空宇宙博物館の機関誌『AIR&SPACE』の2020年8月号において、日本航空界が実現させた画期的飛行であった旨の評価を受けたことを教えてもらった。特集のタイトルは「THE JAPANESE LINDBERGH

S」。航空宇宙分野では世界最大規模を誇る同博物館の機関誌が、人類として初めて大西洋単独無着陸横断飛行を成し遂げた偉人リンドバーグの名を冠して評価している点に、飯沼正明と神風号の壮挙に対する国際的評価が読み取れよう。

アメリカ国防総省に肖像画あり

西沢広義は大正9年（1920年）の生まれ。父親は退役軍人で、日清・日露の両戦争を戦った歴戦の勇士だった。高等小学校卒業後、製糸会社に就職するが、15歳のとき、予科練（海軍飛行予科練習生）募集に応じた。日本海軍はこの時期、航空戦力の拡充をはかっており、優秀なパイロットを必要としていたのだ。予科練の入試は非常に難関だったが、頭脳明晰にして努力家であった西沢広義は、この狭き門を突破し、昭和11年（1936年）第7期生204名の一員として入隊した。

海軍航空兵となった西沢広義は、各地の航空隊基地で勤務したあと、昭和16年（1941年）10月、千歳海軍航空隊に配属された。太平洋戦争が勃発すると、各地を転戦しつつ、空戦の腕をあげていった。教官不足を補うため一時内地で航空兵教育に当たっていたが、フィリピン戦から実戦に復帰。昭和17年（1942年）8月から始まったガダルカナル島攻防戦では、連日ガダルカナル島方面に出撃した。西沢広義は数的に優勢なアメリカ軍機を相手に死闘を演じ、多いときには1日に6機を撃墜した。

昭和19年（1944年）10月25日、「捷一号作戦」に伴う神風特攻隊出撃の護衛任務について戦果を見届けた翌日、戦闘機を特攻隊に引き渡して輸送機で帰還する途中、アメリカ軍機の襲撃を受けて戦死した。享年24。

西沢広義が撃墜したアメリカ軍機は、記録に残っているだけで87機。記録に含まれないものを入れるともっと多いだろう。同部隊だった坂井三郎は西沢広義の空中戦能力を高く評価し、「太平洋戦争全域を通じて、日米両軍のなかで最高のエース」と断言している。

アメリカ側もこの「ラバウルの魔王」に敬意を評し、国防総省と国立航空宇宙博物館に、西沢広義の肖像画を掲げている。

信州史×世界史

小説『安曇野』から見える世界史

原稿用紙5600枚の大作

安曇野市堀金烏川の「臼井吉見文学館」は、安曇野市ゆかりの文化人、臼井吉見の業績を紹介する資料館だ。館内には小説『安曇野』の原稿、長編小説『獅子座』の原稿、書籍約700冊を展示保存している。また、臼井吉見が発行した同人誌『高嶺』や『輪舞』、検閲で発行停止となった『鳩の巣』などの同人誌、戦後いち早く編集長となって発行した『展望』や書籍などに加え、遺品の数々を展示している。

臼井吉見は現在の安曇野市堀金の人。旧制松本高等学校、東京大学国文学科を経て、信州内外の教職を歴任するかたわら、親友古田晁の興した筑摩書房の経営を助けた。

昭和21年（1946年）には、筑摩書房が刊行する「展望」の初代編集長に就任。多くの作家や評論家を世に出すとともに、自身も文芸評論家・作家として活動した。昭和62年（1987年）7月12日没。

享年82。

臼井吉見の作品中『安曇野』は、「安曇野」という呼称を全国的に広めた点で、安曇野はもちろん、信州全体にとっても特筆される作品だ。ストーリーは安曇野と東京を主要舞台として、近代日本ばかりでなく、世界における政治・思想・文化・教育・芸術・文学とあらゆる事件に関わりつつ、事実とフィクションを縦横にないまぜて展開していく。

昭和39年（1964年）の『中央公論』7月号から連載が始まり、途中、臼井吉見の体調悪化を理由に断筆期間があり、昭和48年（1973年）の秋、全5部で完結した。原稿用紙にして5600枚に及ぶこの小説は、日本と世界を含む時代のうねりを余すところなく活写した点において、まさにダイナミックな大河小説といえよう。

最初の場面は安曇野穂高

「水車小屋のわきの榛林《はんのき》を終日さわがしていた風のほかに、もの音といえば、鶫撃《つぐみう》ちの猟銃が朝から一度だけ。にわかに暗くなってしまった軒さきに、白いものがちらつき出した」という書き出しで始まる第1部は、安曇野の一画にある穂高を舞台に幕を開ける。時は明治31年（1898年）の12月27日、相馬愛蔵・良（黒光）夫妻の住まう洋館を、キリスト教精神に則って子弟教育を行う井口喜源治、松本出身の社会主義運動家・木下尚江、後に「碌山」の号で知られる萩原守衛らが訪れる。目的は木下尚江の釈放を待って行われた、3日遅れのクリスマス・

木下尚江

（出典：国立国会図書館「近代日本人の肖像」(https://www.ndl.go.jp/portrait/)）

イブの集いだ。

真剣な議論、他愛もない雑談が行われるなか、キリスト教の普及、自由民権運動、徳富蘇峰とトルストイ、旧松本藩士の末路、イギリスの転機となったピューリタン革命などについて語られ、讃美歌をもって締めくくられる。12月27日の夜を描いたこの個所は、日本が近世を脱して近代に入り、「世界史」のなかに組み込まれたことを読者に実感させる。

このあと萩原守衛が絵画の勉強をするため、木下尚江は言論活動のため東京に移住。足尾鉱毒事件、萩原守衛の渡米、田中正造の直訴事件、木下尚江と幸徳秋水の邂逅など、時事的話題が絡みつつストーリーが展開し、相馬夫妻が文京区本郷にパン屋「中村屋」を開業する場面で、第1部は幕を閉じる。

彫刻家萩原守衛の生と死

第2部は萩原守衛の海外芸術修行、日本への帰国、彫刻家として活躍、相馬夫妻が新たに開店した新宿中村屋の大繁盛、萩原守衛の相馬良に対するかなわぬ恋と死を軸にストーリーは展開。ここに日露戦争の開戦と終結、日韓問題、激しさを増す社会主義運動、伊藤博文暗殺事件、大逆事件などが絡んで、ストーリー性に厚みが増していく。

　荻原守衛は明治34年（1901年）に渡米したあと、ニューヨークを半年放浪。絵画の勉強をし、同36年（1903年）には、フランスのパリへと渡り、信州高遠出身の洋画家・中村不折のもとに寄宿。絵画の勉強をする最中、ロダンの「考える人」を見、像からあふれ出る生命感に衝撃を受ける。これを転機に荻原守衛は彫刻家への転身を決意し、パリで勉強を続け、ロダンにも会って薫陶を受け、明治40年（1907年）12月、パリを発って帰国の途に就いた。「碌山」の号を使い始めるのは、この帰国の年の夏ころからだ。

　帰国後は相馬夫妻の支援のもと、新宿角筈にアトリエを構え、「文覚」「デスペア」「女」などの作品を生み出したが、明治43年（1910年）4月22日、30歳と5ヶ月で没した。20日に新宿中村屋で突如喀血して、2日後に息絶えてしまうのだ。

　荻原守衛の死因は現在に到るも不明だ。皮膚病に悩まされて、投薬治療は受けていたが、床に臥すようなことはなく、創作活動に打ち込んでいる。作者

荻原碌山

（出典：国立国会図書館「近代日本人の肖像」(https://www.ndl.go.jp/portrait/)）

の臼井吉見も彼の死因については明確な情報を得ることができなかったらしく、萩原守衛の埋葬後に作中で、高村光太郎ら守衛と親交のあった人物に、自殺説、突発的肺病説、皮膚病治療薬副作用説などを語らせている。ただ、第3部で守衛の感化で彫刻家となった中原悌二郎に、「碌山は日本の彫刻に命を捧げたんだよ。僕はそう思う」と語らせている点から推して、悌二郎の言葉が萩原守衛の急死に対する、臼井吉見なりの着地点になったことが伺える。

フィクションとリアリティの交錯

第2部でとりわけ印象的なのは、帰国した萩原守衛が穂高の実家で、口にした言葉だ。「安曇節」を唄い終えた祖母の「われゃ、方々の国を見てきたそうだが、景色のいいとこはどこだったかい」という問いに対して、次のように応じるのだ。

「そうだナ、どこもよかったが、オランダなんかわるくなかった。……いや、景色がいいてことになると、日本だ。そうだ、この安曇野だよ。ここの五月、さっきの唄じゃないが、有明の原っぱにわらびが出て鬼つつじが咲くころ、安曇野がれんげの花で埋まるころ、雪の消え残った常念や鍋冠山《なべつかぶり》が、すぐうしろにひかえてさ、こんな美しいところは、どこにもないよ」

この回答に父の勘六が「なーんだ、そうなると、ここは世界一ってことになるじゃないか。たまげたナ、ほんとかい」と驚くと、「ほんとうだよ、世界一だよ」と確信的に返している。

萩原守衛が安曇野賛美をするこの個所は、作者の創作だろう。登場人物の口を借り、レンゲの花で埋め尽くされた安曇野の春の美しさを讃えたと推察される。ストーリーとしてはフィクションだが、臼井吉見が安曇野に深い愛情を抱いていることが確認できる点においては、ノンフィクションだ。臼井吉見の「安曇野愛」という事実が背景になっているから、作中の萩原守衛の安曇野賛美は、活き活きとしているのだ。

安曇野の田園風景と北アルプス

第3部は新宿中村屋、相馬夫妻とその家族、木下尚江と井口喜源治を主軸に、東京と信州安曇野でストーリーが展開していく。

時代的には大正時代がほぼすっぽりと入り、昭和の初期に及ぶ。西暦に直せば1912年から1928年くらいまでだろうか。時間としては短いが、この時期の密度は濃い。第一次世界大戦での日本参戦、戦争特需による未曽有の好景気到来、ロシア革命、ベルサイユ条約調印、国際連盟結成、日本初となるメーデー開催、盛り上がるエスペラント運動、関東大震災など、20年に満たない月日のあいだに、国内・国際に関する重大なできごとが、次々と起こっている。混乱・変革を凝縮したような時期と言って良かろう。作中でも登場人物たちが時代のうねりに揉まれる様が活写され、フィクションにリアリティを持たせている。

ボースと純印度式カリー

第3部でとくに興味深いのは、新宿中村屋喫茶部の看板メニューともいうべき、「純印度式カリー」の成り立ちが語られる個所だ。これは関東大震災後に始まった、新宿の開発が契機となった。郊外に住む人々の利用量増加を見込んで、鉄筋コンクリート2階建ての新宿駅が建てられたあと、三越と布袋屋の両百貨店が新宿に進出する。これにより新宿商店街は顧客を取られたかっこうとなり、中村屋の収益も激減してしまうのだ。

　これを機に相馬愛蔵は経営刷新に乗り出し、中村屋を個人商店から株式会社に格上げし、様々な改革を実践していく。愛蔵が矢継ぎ早に経営改革を打ち出していく場面は、まさに敏腕経営者の面目躍如という感じで、読んでいて爽快感さえ覚える。

相馬愛蔵、良（黒光）夫妻（提供：中村屋）

　こうしたなか喫茶部新設の際、純粋なインド・カリーの提供が提案される。発案者はラス・ビハリ・ボース。亡命後、新宿中村屋に匿われた縁で、相馬夫妻の娘・俊子と結婚したインド独立の闘士だ。ボースは日本で普及しているライス・カレーと称する食べものは、粗末な材料を使った安価な料理と化していることを嘆き、「喫茶部を開設するなら、本場のカリー・ライスを提供したい」と愛蔵に要請。ボースの熱意に心を動かされ、愛蔵は喫茶部での純印度式カリー商品化を決断した。
　米は埼玉県特産で、江戸時代に通が好んだ「白目米」を使用し、鶏肉は「最も美味な軍鶏の一種を自分の手で飼育するよりほかにないという結論に達し」て、山梨県に養鶏場を設けた（需要の拡大に伴い、後に千葉県に移転）。

最上の味を引き出すため、手間暇と資金を惜しまなかったため、他店に比べて割高であったが、味に魅了された人々が押し寄せたという。この純印度式カリーは誕生以来100年近く愛され、現在も種々のカレーとともに提供されている。

人にはおいしいものを食べると、これを参考にしたくなる性癖が少なからずある。この点を考慮すると、新宿中村屋の純印度式カリーが、日本人の家庭料理の代表格と形容して良いカレーライスに与えた影響は、非常に大きいと考えて良かろう。

ちなみに、新宿中村屋では純印度式カリーが発売された昭和2年（1927年）6月12日にちなみ、毎年、同月同日を「恋と革命のインドカリーの日」としている。

第4部は昭和初期から太平洋戦争末期、第5部終戦から昭和48年（1973年）までが時代背景となっている。前の部同様、歴史的事件や日本・世界を含む時代のうねりとともに、登場人物たちの動向を活写し、最後は第5部から主要人物の一員として登場していた臼井吉見本人が、安曇野市穂高にある碌山美術館を訪問し、同館の名物男として知られる「横山さん」なる人が、オルガンを弾きつつ、県歌「信濃の国」を歌っている場面を、

「横山さんは、くりかえし、くりかえし、歌っても、歌っても、飽きないふうであった。（大団円）」

と記して筆を置いている。

面白さのキーワードは「連動」

ゴチャゴチャするのを避けるため、内容紹介では敢えて最小限に抑えてきたが、登場人物、ストーリーに直接関与しないながらも言及される人物は実に夥しい。4桁に達するとさえいわれている。

例えば、普通選挙運動の旗手となった中村太八郎ほか、作家の島崎藤村、芸術家の中村不折、哲学者・思想家の唐木順三など多数の信州人がストーリーに加わる。

登場する信州人たちとの相関関係で、無政府主義者の大杉栄、歌人・小説家の伊藤左千夫、岡田式静座法の岡田虎二郎、国粋主義者の頭山満ほか、木下杢太郎、吉井勇、北原白秋、柳宗悦、大宅壮一など近現代の日本に何らかの足跡を残した人々も登場し、さらに先に紹介したボースのほか、アジア人として初めてノーベル文学賞を受賞したインドの詩人ラビンドラナート・タゴール、盲目のロシア詩人ワシリー・エロシェンコといった外国人もストーリーに加わっている。

ここに時代背景や事件との関係で徳川慶喜、原敬、和辻哲郎、ロシアの文豪トルストイ、GHQ（連合国軍司令部総司令部）のダグラス・マッカーサーなどにも言及されている。

まさに日本と世界の近現代史オールスターキャストそろい踏み！　完全なるフィクションならいざ知らず、実在した生身の人間をこれだけ登場させた作品は、世界的にも類例がないのではなかろうか。

小説「安曇野」の完結を記念して松本市で開かれた展覧会を訪れた臼井吉見（昭和50年）

臼井吉見が愛用した机（臼井吉見文学館所蔵）

膨大な量の情報と、夥しい数の登場人物を詰め込むと、たいていは支離滅裂となって収拾がつかなくなりそうなものだが、作者は全情報と全人物を掌中に納めたうえで、自在に操っている。

誰が主人公という訳ではなく、登場人物すべてが自身を主人公とするストーリーを生きており、その各ストーリーが小説上で交錯しあうのだ。このため自由闊達なダイナミズムが発揮され、読み進むうちに自身と小説のストーリーが、一体化する感覚が味わえる。

また、近現代の日本と世界がつながり合い、「連動」していることも実感できる。つまり、「安曇野」という限定された地名をタイトルとして掲げているにも関わらず、近現代の日本と世界を俯瞰できる点が、小説『安曇野』の大きな魅力なのだ。

安曇野市では小説『安曇野』を原作とした、NHK大河ドラマ実現に向けた取り組みを開始した（『広報あづみの』2022年11月号）。実現すれば古今未曽有のドラマとなるだろう。今からワクワクしてくる。

『詳説世界史研究』 木下康彦・木村靖二・吉田寅 編 山川出版社
『「世界史」で読み解けば日本史がわかる』 神野正史著 祥伝社
『地球日本史① 日本とヨーロッパの同時勃興』 西尾幹二責任編集 産経新聞社
『地球日本史② 鎖国は本当にあったのか』 西尾幹二責任編集 産経新聞社
『地球日本史③ 江戸時代が可能にした明治維新』 西尾幹二責任編集 産経新聞社
『世界史とつなげて学べ 超日本史』 茂木誠著 ＫＡＤＯＫＡＷＡ
『写真と図解でよくわかる 世界史×日本史 歴史を学べばニュースの裏が見えてくる』 三木俊一・長谷川敦著 かみゆ歴史編集部編 廣済堂出版
『世界史が教えてくれる！あなたの知らない日本史』 かみゆ歴史編集部編 辰巳出版
『大系 日本の歴史① 日本人の誕生』 佐原眞著 小学館
『逆転の日本史 【江戸時代編】』 洋泉社
『逆転の日本史 【古代史編】』 洋泉社
『逆転の日本史 反忠臣蔵読本 元禄・赤穂事件三〇〇年後の真実！』 洋泉社
『東方見聞録』 マルコ・ポーロ 著／愛宕松男訳 平凡社
『環日本海と環シナ海 日本列島の十六世紀』 朝日新聞社
『日本神話の起源』 大林太良著、角川書店
『歴史 REAL 日本人の起源 DNA 解析と考古学でここまでわかった！縄文・弥生の世界』 洋泉社
『歴史 REAL 戦国合戦を科学する そのとき「戦場」で何が起きていたのか』 洋泉社
「忠臣蔵―赤穂事件・史実の肉声」野口武彦 筑摩書房

●論考
「石見銀山と大航海時代」 脇田晴子 『季刊 文化遺産』2001 年 10 月号所収 島根県並河万里写真財団
「金銀島を求めて」 岸野久 『探訪 大航海時代の日本 4―黄金の国を求めて』所収 小学館
「【歴史を変えた事件】明治六年の政変―国家百年の大計の誤算」 川勝平太 『季刊アステイオン』アステイオン編集部 編 ティビーエス・ブリタニカ
このほかに各自治体、博物館、資料館のホームページを参考にさせて頂きました。

【参考文献】
（本文中で文言を引用、もしくは資料名を提示しているものは除く）

●書籍

『信濃国分寺跡』上田市立信濃国分寺資料館著、上田市立信濃国分寺資料館
『江戸から見た信濃―楽しい歴史旅』徳竹康彰著、柏企画
『象のいた湖―野尻湖発掘ものがたり』野尻湖発掘調査団著・井尻正二編、新日本出版社
『図説　長野県の歴史』古川貞雄責任編集、図説日本の歴史 20　河出書房新社
『親と子のための長野県の歴史』児玉幸多監修、信濃毎日新聞社
『広い世界とつながる信州』長野県立歴史館編、信濃毎日新聞社
『あなたの知らない長野県の歴史』山本博文監修、洋泉社
『長野県の歴史』古川貞雄著、山川出版社
『もっと知りたい長野県の歴史』小和田哲男監修、洋泉社
『信州人のための幕末史』土屋浩著、ほおづき書籍・星雲社
『豊科の宝』安曇野市の歴史文化遺産再発見事業実行委員会編、安曇野市の歴史文化遺産再発見事業実行委員会
『明科の宝』安曇野市の歴史文化遺産再発見事業実行委員会編、安曇野市の歴史文化遺産再発見事業実行委員会
『縄文時代の商人たち』小山修三著・岡田康博著　洋泉社
『御柱祭と諏訪大社』上田正昭編、筑摩書房
『「馬」が動かした日本史』蒲地明弘著、文藝春秋
『信濃武士』宮下玄覇著、宮帯出版社
『おんばしら―諏訪大社御柱祭のすべて』信州・市民グループ編集局著、信州・市民グループ編集局
『諏訪大社―決定版平成 22 年寅年御柱祭記念企画』武田康弘監修、郷土出版社
『中世信濃武士意外伝』長野県立歴史館編、郷土出版社
『佐久間象山』奈良本辰也共著、清水書院
『図説　日露戦争』平塚柾緒緒、河出書房新社
『佐久間象山伝』大平喜間多原著、宮帯出版社
『臼井吉見の「安曇野」を歩く　上中下』市民タイムズ編、郷土出版社
『徹底検証！日本古代史と考古学の謎』原 遙平著、彩流社
『画狂人　北斎の世界』洋泉社
『浮世絵と古地図でたどる江戸の名所』洋泉社
『改訂版 詳説日本史研究』 佐藤信・五味文彦・高埜利彦・鳥海靖 編　山川出版社

森村宗冬（もりむら むねふゆ）

1963年、長野県安曇野市に生まれる。私立高校教員を経て、執筆活動に入る。現在は単行本を執筆するかたわら、雑誌やムックにも多数寄稿中。日本史・世界史を単なる縦割りの歴史としてではなく、経糸・緯糸の交錯が紡ぎだす「ものがたり」としてとらえ、読者に分かりやすく提示している。今回の書籍製作においては、地方史を世界史視点で俯瞰することにより、今までとはまったく異なる景色が見えてくることを実感した。安曇野市在住。

主な著書
『義経伝説と日本人』（平凡社）『美しい日本の伝統色』（山川出版社）『図解 古事記と日本書紀』（中経出版）『日本史偉人「健康長寿法」』（講談社）『大航海時代』（新紀元社）『海賊』（新紀元社）『太陽と月の伝説』（新紀元社）『アーチャー 名射手の伝説と弓矢の歴史』（新紀元社）『海賊大図鑑』全３巻（ミネルヴァ書房）『英語で読む日本史「人物編」』（講談社インターナショナル）『歴史みちを歩く』（洋泉社）『古墳のヒミツ』（メイツ出版）『つなげてみれば超わかる！日本史 × 世界史』（彩図社）『図解 つなげてみれば超わかる！日本史 × 世界史』（彩図社）

ブックデザイン　NOEL
編集　菊池正則

信州史×世界史
信州から見える世界史を歩く

2023年　6月10日　初版発行

◆著　者　森村 宗冬
◆発　行　信濃毎日新聞社
〒380-8546　長野市南県町657
電話　026-236-3377
ホームページ　https://shinmai-books.com/
◆印刷所　信毎書籍印刷株式会社
◆製本所　株式会社渋谷文泉閣

ISBN　978-4-7840-7419-8　C0021